AF454923

GARE L'EAU!

REVUE DE L'ANNÉE 1860, EN TROIS ACTES ET CINQ TABLEAUX

PAR

MM. SAINT-AGNAN CHOLER et LOUIS ABRAHAM

Représentée pour la première fois, sur le théâtre du Luxembourg, le 1er janvier 1861

DISTRIBUTION

CARCASSOU	MM. LERICHE.
PHOEBUS, BEAUSOLEIL	DETROGES.
VAS-Y-DONC, BEAUJOLAIS, MIEN-TIEN-SIEN	ANATOLE.
LÉOPARD, NIGAUDINOS	TALLIN.
L'ÉVEILLÉ, CHICOT, MERCURE	MARCHETTI.
LE CHALET-DES-ILES	LAMY.
RODIN, VOL-AU-VENT, COQUENARD	FRESLIN.
MARS, TORTICOL, UN CONTROLEUR, TOTO	BURGUIGNY.
CANICHON, PHOTOGRAPHE	CHEVALIER.
LA PLUIE, L'ANNÉE PROCHAINE	Mmes GASPARI.
LE VIN, FANCHONNET, LE JEU	H. CAVALIÉ.
LA MUSIQUE, NINON-NICHETTE, MADELEINE	ARM. MOREL
LA LUNE, Mad. COQUENARD, ESMERALDA	VALMY.
L'EAU, LA POULE AUX OEUFS-D'OR, LA CAROTTE	EMMA-ROSE
LA GRANDE OURSE, LORETTE, LA PHOTOGRAPHIE	STÉPHANIE.
POINT-DU-JOUR, CHOU-CHOU, L'AMOUR	ANNA.
LA FONTAINE St-MICHEL, LE BOIS DE BOULOGNE	DARDEL.
L'ÉTOILE POLAIRE, LA BICHE AUX BOIS, LA TRAGÉDIE	JULIA.
L'ÉTOILE DU BERGER	MARIE.
VESTA, Mme LANTURLU	LOUISA.

Bourgeois, gardes nationaux, spectateurs, paysans et paysannes, saltimbanques, etc., etc.

ACTE I.

LE PETIT LEVER DU SOLEIL

Le palais céleste. Grande salle ouverte. Terrasse au fond. A gauche un trône avec deux siéges. Entrées latérales.

SCENE I.

MARS, MERCURE, SATURNE, VESTA, L'ÉTOILE DU BERGER, L'ÉTOILE POLAIRE, POINT DU JOUR.

(Au lever du rideau, il fait demi-nuit. Les planètes et les étoiles se pressent autour de Point-du-Jour, qui, placé devant la porte a droite, les empêche d'entrer.)

CHOEUR.

Air : *du Baiser de l'étrier.*

Ouvrez-nous, c'est urgent,
Qu'on reçoive à l'instant
La celeste cohorte.
Allons, monsieur l'huissier,
Faites votre métier.
Vite, ouvrez-nous la porte.

POINT DU JOUR.

Solliciteurs
Vos cris et vos clameurs
Me laissent insensible ;
Taisez-vous tous,
Sa Majeste pour vous
N'est pas encor visible.

Reprise de l'ensemble.

MARS. Voyons, M. Point du jour, laissez-nous entrer; il faut absolument que je voie le Soleil.

LES AUTRES. Moi aussi! moi aussi!

POINT DU JOUR. Non, messieurs, non. Sa Majeste est encore couchee ; elle s'est mise au lit avec des nuages sur le front ; elle se lèvera probablement de même. Attendez donc; tout ce que je puis, c'est de lui dire vos noms dès qu'elle sera eveillée. Vous vous appelez ?...

SATURNE. Saturne.

POINT DU JOUR. Ah! oui, je vous reconnais à votre anneau. Et ces messieurs?

MERCURE. Mars et Mercure, planètes de second ordre.

POINT DU JOUR. Et ces dames?

L'ETOILE DU BERGER. Je suis l'Étoile du berger, voilà l'Etoile polaire, et cette petite planète la-bas qui a l'air si b...., non, si modeste, c'est mademoiselle Vesta.

POINT DU JOUR. C'est bien, attendez. (*Il sort*).

Reprise du chœur.

C'est pourtant bien urgent,
Etc, etc. (*La porte se referme).*

MARS. Attendre! Je n'ai pas de patience, moi.

MERCURE. Et moi, je suis presse. J'ai à déposer aux pieds du trône des plaintes graves de la part des habitants de la terre.

L'ETOILE DU BERGER. Tiens! moi aussi.

TOUS LES AUTRES. Moi aussi.

MARS. Il parait qu'ils ne sont pas contents là-bas.

L'ETOILE POLAIRE. Dam ! écoutez donc. Ils n'ont pas tout à fait tort. Ils ne nous voient plus jamais, et ceux qui comptent sur l'étoile polaire pour se diriger sont bien embarrasses.

Air : Des *Carrières de Montmartre.*

De guider le monde errant
J'avais le monopole.

TOUS.

De guider le monde errant
Elle avait le monopole.

ETOILE POLAIRE.

Mais les hommes pour aimant
N'ont plus maintenant qu' l'argent.
Faut être indulgent :
Le monde, en m' perdant,
A perdu la boussole.

Reprise en chœur.

Mais les hommes pour aimant, etc., etc.

L'ETOILE POLAIRE.

Si l'on voit tant de gens divers
Ecrir' d'un' plum' si folle

TOUS.

Si l'on voit tant de gens divers
Ecrir' d'un' plum' si folle,

ÉTOILE POLAIRE.

Tant de romans à l'envers,
Tant de drames de travers,
Tant d' volum' de vers,
C'est que l'Univers
A perdu la boussole.

Reprise.

Tant de romans à l'envers, etc., etc.

POINT DU JOUR *(qui est rentré et est allé au fond).* Messieurs, voici Son Altesse la Lune qui rentre.

SCÈNE II.

LES MÊMES, PHOEBÉ.

CHOEUR.

Air connu.

Le clair de la lune
Dans son chariot,
A l'heure opportune
Revient au grand trot,
Sa chandelle est morte ;
N'ayant plus de feu,
Il frappe à la porte
De son palais bleu.

PHOEBE. Bonjour, mes enfants. Ouf! je suis lasse! et mon illustre epoux? Il est encore endormi, le cancre?

L'ETOILE POLAIRE. Oui, madame, nous attendons son reveil.

MERCURE. Nous voudrions savoir pourquoi il s'obstine ainsi à se cacher, au risque de nous exposer à des réclamations incessantes.

MARS. Tannantes!

SATURNE. Embêtantes!

PHOEBE. Je le sais, moi.

L'ETOILE POLAIRE. Vous, madame?

PHOEBE. Parfaitement. D'autant que je ne suis pas étrangère à l'événement.

MARS. Dites-le, alors.

PHOEBE. Voilà. C'est une petite vengeance ..

TOUS. Ah!

POINT DU JOUR *(annonçant)*. Sa Majesté le Soleil.

PHŒBE. Chut!

SCÈNE III.

LES MÊMES, PHŒBUS.

(Il fait grand jour.)

CHOEUR.

Air : *Bonsoir, M. Pantalon.*

Salut à notre seigneur,
Nous avons froid en son absence,
Mais il paraît, et sa présence
Repand une douce chaleur.
Salut à notre seigneur *(bis)*.

PHŒBUS. *(Il s'avance la tête baissée, l'air morne, sans voir personne, et s'arrête devant la rampe. D'un air lugubre)*. Ça ne va pas bien. Et vous?

TOUS *(l'entourant)*. Salut, seigneur.

PHŒBUS. Ah! vous êtes là, vous autres. Vous venez encore me raser avec vos jérémiades. Eh bien, je suis malade, là, êtes vous contents?

TOUS. Non, non.

PHŒBUS Vous allez vous insurger. Allez, mes enfants, je suis fait aux révolutions des corps célestes. Seulement, prenez-vous en à l'auteur du mal. C'est mon auguste épouse. Percez-lui le flanc. Faites des trous à la lune. Je vous y autorise.

PHOEBE. Seigneur, vous allez un peu loin. Vous y mettez trop de chaleur.

PHŒBUS. Pas assez, madame. D'où vient mon mal? De vous.

PHOEBE. Mais oui.

PHŒBUS. Pourquoi m'avez-vous éclipsé?

PHŒBE. Tiens! les astronomes m'avaient donné la permission... signée...

PHŒBUS Les gredins. Aussi je leur ai fait payer ça. Ils avaient annoncé une grande marée, pour le mois de mars; j'ai fait rater leur affaire.

SATURNE. C'est vrai, je m'en souviens.

PHŒBUS. Je comptais qu'ils ne survivraient pas à cette déception. Mais bah! le monde est dégénéré.

Air : *Simple soldat.*

Du grand Vatel, qu'un tel affront choqua,
Qui ne connaît l'acte d'humeur chagrine?
Quand la marée à son festin manqua,
Il avala son couteau de cuisine.
Quand leur marée a manqué, grâce au ciel!
J'espérais bien qu'on jouerait des eustaches.
Mais ces messieurs, du grand maître d'hôtel.
N'ont pas voulu suivr' l'exemple immortel.
Les astronomes sont des lâches! *(bis)*.

Et j'en ai été pour mon éclipse, et pour ses affreux résultats.

MERCURE. Quels résultats?

PHŒBUS. On dit qu'il faut laver son linge sale en famille. Mais bah! je vais faire ma lessive devant vous.

Air : *de Léonide.*

Sachez donc, pour vous contenter,
Que je suis père d'une fille.
Elle est jeune, aimable et gen tille.

PHOEBE.

J' vous conseill' de vous en vanter;
Cet enfant, quelle fut sa mère?
C'est cette sphère sans attraits
Et sans pudeur, c'est cette terre,
Qui ne vit que de vos bienfaits.
J'en rage et j'en rougis, ma foi!
Tout est pour cette péronnelle,
Ce que vous avez fait pour elle.
Vous ne l'avez pas fait pour moi.

PHŒBUS.

Plaignez-vous à la destinée,
Qui créa pour nous ces ennuis;
Je suis dehors toute la journée,
Vous découchez toutes les nuits.
Notre ménage fait songer
Au ménage trop platonique
D'un' demoiselle de boutique
Avec un garçon boulanger.

PHOEBE.

Grâce à vous, époux sans scrupules,
Mon croissant jaune est devenu
Un symbol' des plus ridicules,
De beaucoup de maris connu.
Votre crime fut sans pareil;
Et la naissance qui m'ennuie
De mademoiselle la Pluie
Est un' des taches du Soleil.
J'ai donc bien fait, et je m'en vante
De m' venger en vous éclipsant.

PHŒBUS.

Non, vous ne deviez pas, méchante,
Me boucher l'œil si complètement;
Car, pendant c' temps-là, mon enfant,
— La Pluie a si mauvaise tête. —
A pris la poudre d'escampette
Et s'est enfuie avec le vent.
Elle fait, là-bas, la donzelle,
Sans songer à mon déshonneur,
Une vi' de polichinelle,
Si vous pensez que c'est flatteur.
Déjà je crois m'apercevoir
Que bien des gens, lors que je passe,
Ne peuv'nt pas me regarder en face,
Et clign'nt des yeux pour ne pas m' voir,
Pour un père quel désespoir!

L'ETOILE DU BERGER. Bah! consolez-vous, seigneur. Elle fait ses farces, cette enfant, mais ça ne durera pas toujours. Elle reviendra.

MARS. Elle reviendra.

TOUS. Elle reviendra.

PHŒBUS. Je ne l'espère plus.

POINT DU JOUR *(annonçant au fond)*. Mademoiselle la Pluie.

SCÈNE IV.

LES MÊMES, LA PLUIE.

TOUS. Elle!

PHOEBE *(avec dépit)*. Elle.

PHŒBUS *(avec joie)*. Elle, enfin!

LA PLUIE. Oui, c'est moi, contente, bien portante, ruisselante et gaie comme un pinson... qui s'amuse. Gare l'eau!

Air : Des *Dragons de Villars. (On n'ose plus rire).*

Je viens de la terre
Et là, sans crainte et sans mystère,
Je me suis vraiment
Procuré beaucoup d'agrément.
Comme je l'ai voulu,
Libre, je me suis plu
A troubler, à brouiller
Tout le calendrier.
Avril est ma conquête;
Voici mai : l'on s'apprête;
D'avance chacun fête
Le printemps qui renaît.
Juin passe, et puis juillet,
Puis l'automne apparaît.
On se dit stupéfait
De l'été qu'a-t-on fait?

Il pleut, il pleut, il pleut, il vente, il tonne,
Il pleut, il pleut, ça tombe et ça résonne.

(*Riant*).

Ah! ah! ah! ah! ah! moi, je m'en donne,
Ah! ah! ah! ah! ah! il vente, il tonne.
Il pleut à verse, il pleut à seau,
On ne la vend pas, on la donne,
Gar' l'eau, gar' l'eau!

La campagne verte
A rendu la ville déserte;
Au pied des coteaux,
Se peuplent villas et châteaux.
Autour de la maison,
Que je change en prison,
Je fais un vaste lac,
On ne sort plus qu'en bac.
Mais voici le dimanche :
Mettant sa robe blanche,
La foule au loin s'épanche
Au bois, sous les lilas;
On s'en va pas à pas;
On va chercher, là-bas,
Beau soleil, gai repas,
Frais gazon... patatras.

Il pleut, il pleut, il pleut, il vente, il tonne.
Etc., etc.

PHOEBUS (*riant*). Ah! ah! ah! elle est drôle.

PHOEBE (*le pinçant*). Comment, vous osez l'approuver, l'effrontée?

PHOEBUS. Non, au fait. (*Sérieusement*.) Ma fille, vous avez eu tort. Vous m'avez exposé à des désagréments. Vous êtes cause que les hommes m'appellent vieux toqué, et disent que je bats la breloque.

LA PLUIE. Bah, je leur ai fait autant de bien que de mal.

PHOEBUS. Ça ne les empêche pas de se plaindre.

LA PLUIE. Et de quoi se plaignent-ils?

PHOEBUS. Vous allez l'entendre.— Mercure, tu passes pour le dieu de l'éloquence. Autant dire que tu es le plus bavard. Parle le premier.

MERCURE. Avec plaisir...

Air : *du vieux Buveur.*

Je protége le commerce
Et parl' pour les commerçants;
Les gens cloîtrés par l'averse
Ne vont pas chez les marchands.
Et l'on voit sous la vitrine
Attendre, l'air attristé,
Les robes de mousseline
Et les paletots d'été.

PHOEBE (*vivement*). Bien dit.

LA PLUIE (*continuant l'air*).

C'est exprès. Ce commerce avide
Pourra du moins avec raisons,
Après un été si liquide,
Faire ses liquidations.

PHOEBUS. Bien répondu. Elle lui a rivé son clou. A un autre.

MARS.

Même air.

D'vant les cafés innombrables,
Qui bordent les boulevards,
La foule encombrait les tables,
Où mouss' la bière de mars.
Mais le ciel froid et maussade
Met tous les cafés en deuil,
Et la bière est si malade
Qu'elle est bien près du cercueil.

PHOEBE. C'est la faute de mademoiselle.

LA PLUIE (*continuant l'air*).

C'est exprès. Je blâme l'usage
De ces buveurs envahissants;
Si le trottoir est un passage,
Laissez-y passer les passants.

PHOEBUS. C'est un bienfait. A un autre.

SATURNE.

Même air.

Moi je me plains pour mon compte,
Car, je ne sais pas pourquoi
Les hommes, dans leur mécompte,
S'en prennent toujours à moi.
J'entends toujours des murmures;
Si les cieux sont menaçants,
C'est moi qu'on couvre d'injures,
Et l'on dit : Quel vilain temps.

PHOEBE. Pauvre bonhomme. Il n'a pas tort.

LA PLUIE (*continuant l'air*).

Va, quoique l'on fasse, les hommes
T'appelleront toujours vilain,
Car le vent fait tomber les pommes,
Dès qu'il fait tourner le moulin.

PHOEBUS. Elle a raison...

PHOEBE. Voyons. Qui est-ce qui a encore quelque chose à dire? Toi, là-bas, dans ton coin, ma petite Vesta, tu n'as pas une bonne petite plainte à faire?

VESTA (*balbutiant*). Dam! madame... je ne sais pas.

PHOEBE. Elle est par trop modeste.

LA PLUIE. Eh que pourrait-elle dire? Je ne fais pas de tort aux chastes vertus qu'elle protége. Au contraire.

Air : *des Rosières.*

Un soir, Lisette,
Vers le grand bois,
Allait seulette,
Mais je la vois.
Plus de noisette
Pour les amours;
Rentrez, Lisette,
Il pleut toujours.

Sous la coudrette
Lubin l'attend.
Mais il répète
En grelottant :
Plus de noisette
Pour les amours.
Pas de Lisette,
Il pleut toujours.

PHOEBUS. Le fait est qu'elle pousse à la culture des rosières. Ça ne vient pas dans les bois comme les champignons, ça.

PHOEBÉ. Quel dévergondage. On se croirait chez Markowski.

PHOEBUS. Elle m'amuse... mais c'est égal. Vous êtes une petite pluie fine, mademoiselle. Mais vous n'en avez pas moins mené une conduite indigne d'une personne comme il faut, et vous allez être jugée selon vos mérites. *(Bruit au dehors)*. Qu'est-ce?

POINT DU JOUR. Seigneur, ce sont des gens qui viennent se plaindre. Il y en a beaucoup.

PHOEBUS *(à la Pluie)*. Des témoins contre vous. Qu'on les fasse entrer, chacun à son tour.

LA PLUIE. Ah! bien, je me sauve. Cesgens-là m'ennuieraient, et je tomberais encore sur eux.

PHOEBUS. Restez pour vous défendre.

LA PLUIE. Ma foi, non. Les témoins à décharge s'en chargeront. D'ailleurs, il y a longtemps que maman la Terre n'a entendu parler de moi. Je suis sûre qu'elle en dessèche. Je vais lui envoyer une petite giboulée.

PHOEBUS. Une giboulée... Est-ce que, pendant ses voyages...

PHOEBE. Parbleu.

PHOEBUS *(se cachant le visage)*. Oh!.. Après ça, je ne suis pas fâché d'être grand-père.

LA PLUIE.

Air : *Sylphide légère.*

Je n' tiens pas en place,
J'aime à voltiger,
Et par contumace,
Il faut me juger.
On peut à la pluie
Faire son procès;
Mais, quand on m'ennuie
Ma foi, je m'en vais.

PHOEBUS. Ma fille...

LA PLUIE. Oui, papa. — Je m'en vais.

PHOEBUS. Elle est obéissante.

Reprise.

LA PLUIE.

Je n' tiens pas en place, etc., etc.

LES AUTRES.

Sans cesse de place
Elle aime à changer;
Et par contumace,
Il faut la juger.
Sans elle, à la pluie,
Pour tous ses forfaits,
Puisque ça l'ennuie,
Faisons son procès.

(La Pluie sort à gauche).

SCÈNE V.

PHOEBUS, PHOEBÉ, MERCURE, SATURNE, MARS, VESTA, L'ÉTOILE DU BERGER, L'ÉTOILE POLAIRE, *puis* CARCASSOU, POINT DU JOUR.

PHOEBUS. De la dignité ici. *(Il se place sur le trône)*. Etoiles et Planètes... la séance est ouverte. *(à Phœbé)* Vous, mon épouse, à mon côté; si j'ai besoin d'avis, je vous en demanderai, et je les suivrai... pourvu que votre opinion soit la mienne. Qu'est-ce que c'est que ça?

CARCASSOU *(bousculant Point du Jour qui lui dispute le passage)*. Eh! laisse-moi donc passer, gringalaou. Troun de l'air.

Air :

Je suis pressé, je suis pressé;
Avant tout autre il faut m'admettre,
Je suis pressé, je suis pressé,
On ne m'a jamais évincé.
Dans le pays qui m'a vu naître
Nous sommes tous comme salpêtre.
Je suis pressé. *(4 fois)*.

Adieu, vous autres. Comment êtes-vous?

PHOEBUS. Comment nous sommes? Dam, monsieur, nous sommes en séance...

CARCASSOU. Je sais. He donc! Je me plains.

PHOEBUS. De quoi?

CARCASSOU. Te! de la pluie, bagasse. Je suis du Midi.

PHOEBE. Je m'en doutais.

CARCASSOU. Et dans le Midi, il ne pleut jamais, jamais.

PHOEBUS. Il fallait y rester.

CARCASSOU. Te! c'est malin, ça. Mais voilà que mes concitoyens... ceux de Beaucaire... je suis de Beaucaire... ils m'envoient comme ça à Paris avec une mission. Moi, je veux bien. On me dit : Prends le chemin de fer. Je me dis : Bon, je vas me le prendre, et je me le prends. Je monte, nous roulons, et me voici dans la grande ville, comme ils disent. Une belle grande ville, où il pleut comme qui la jette.

PHOEBUS. Et qu'y veniez-vous faire?

CARCASSOU. Etudier les moyens d'amener la décentralisation.

PHOEBE. La.. quoi?

PHOEBUS. Mâtin, en voilà un mot... La... aidez-moi à dire ça, mes sujets.. La...

LES ÉTOILES ET LES PLANÈTES *(disant chacune des syllabes tour à tour)*. De-cen-tra-li-sa-ti.

PHOEBUS. Oh! ouf! on n'est pas trop de sept pour dire ça. A présent, qu'est-ce que c'est?

CARCASSOU. Te! nous sommes las, nous autres du midi, d'entendre qu'on dit de nous : les Provinciaux. Ceux-là de Paris, ils en ont plein la bouche quand ils vous jettent ça à la figure. Et pourquoi? je vous le demande. Est-ce que les Parisiens, ils sont faits autrement que les autres? Est-ce qu'ils mangent plus? Mais, moi, monsieur, je m'avale une paire de gigots à mon déjeuner. Qu'ils en fassent autant... non, qu'ils le fassent. La seule différence, c'est qu'ils ont de l'assent, et que nous n'en avons pas. Voilà tout.

Air :

On dit qu' les gens d'esprit à Paris
Sont d'un' bêtise amère,
Quand j'ai vu ça, ça n' m'a pas surpris.
C'est tout comme à Beaucaire.

TOUS.

Quand il l'a vu, ça n' l'a pas surpris, etc., etc.

CARCASSOU.

Les coiffeurs dis' qu'il faut du toupet
Pour faire son affaire,
Et qu'à Paris, sans ça, rien n' se fait.
C'est tout comme à Beaucaire.

TOUS.

Et qu'à Paris..., etc.

PHOEBUS.

Aussi voit-on les commis maint'nant
Prendr' leurs cheveux derrière,
Et les ram'ner bravement par-devant.

CARCASSOU.

Ça se fait à Beaucaire.

TOUS.

Et les ram'ner brav'ment par-devant, etc., etc.

CARCASSOU.

On met du poussier d' mott' dans l' café,
Dans l' poivre de la terre,
D' la farine dans le sucre râpé.
C'est tout d' même à Beaucaire.

TOUS.

D' la farine dans..., etc...

CARCASSOU.

Les femmes, dit-on, trompent leurs maris...
Je suis époux et père,
Et je l' savais sans venir à Paris.
Ça se fait à Beaucaire.

TOUS.

Il le savait sans... etc... etc...

PHOEBUS. Oui; mais à Beaucaire, chante-t-on des couplets au lieu de juger les procès ? Non ? Hé ! bien, mettez-vous là, et qu'on introduise un autre témoin. (*La Musique en plein vent entre, introduite par Point du jour.*) Une dame ! Elle a la parole, mais qu'elle n'en abuse pas.

SCÈNE VI.

LES MÊMES, LA MUSIQUE EN PLEIN VENT.

LA MUSIQUE.

Air : *De la mazurka des Etudiants.*

Justice
Propice,
Demandant merci,
Tremblante,
Pleurante,
Je t'implore ici.
On me dépouille, on me ruine,
O grand Phœbus, sois-moi clément !
Car on me vole, on m'assassine,
Je suis... j'étais la musique en plein vent.
La foule
S'écoule
Et fuit au hasard,
Rebelle,
Cruelle,
Le concert Musard.
Là pourtant, plus sage que tendre,
Je prévenais les amateurs
Que nulle ne pourrait m'entendre
Sans un brevet de bonne vie et mœurs.
Lorette
Seulette,
Pour toi point d'accords.
La biche
S'affiche;
Sa place est dehors.
Tant de vertus ! Quelle exigence !
Mais bah ! le contrôle importun
Se contente de l'apparence.
Car il faut bien qu'on laisse entrer quelqu'un.
Musique
Pudique,
Sous les arbres verts
Je chante,
J'enchante
Aux cafés concerts.
Cette barrière qu'on me donne
Pour me cacher aux indiscrets
Ne fait, hélas! cacher personne,
Car la saison n'est pas bonne aux bosquets.
Sous l'onde
Qui gronde,
L'archet se détend ;
Ma note
Barbotte
Dans un océan.
Les buveurs, voyant dans leur choppe
Tomber l'eau d'un baptême froid,
Demandent : Garçon ! une écope !
Un gloria, garçon... avec un toit.
Je file...
Mabille
Et Chateau des fleurs,
Vos fêtes
Coquettes
Charment les danseurs.
Mais il faut encor qu'on s'enfuie
Après avoir exécuté
Le pas nouveau du parapluie,
Le grand succès de ce maudit été.
Justice
Propice, etc.

Reprise en chœur.

PHOEBUS. Elle m'apitoie, cette pauvre musique.

CARCASSOU. Pas moi. Je ne suis été dans ces endroits là, on y joue toujours le même air.

PHOEBUS. Lequel ?

CARCASSOU (*chantant*). Il pleut, il pleut, bergère. C'est ça que c'est monotone.

PHOEBUS. Mais les bals ! hein ! Avez-vous vu ?...

CARCASSOU. Trop ! Je n'aime pas la dinse. Voulez-vous que je vous dise ?

PHOEBUS. Dites-moi.

CARCASSOU. Voilà la différence entre les Parisiens et les autres. Les Parisiens sont des sauteurs.

PHOEBUS. Oh !

CARCASSOU. Au bal, ils dansent.

PHŒBUS. Dam !

CARCASSOU. Au théâtre, au théâtre, où c'est l'école de mœurs et le sanctuaire de la belle littérature, vous croyez qu'ils s'en occupent..... Peuh ! Ils dansent. Dame, partout ! Trop de dinse !

PHOEBUS. Vous êtes sévère; j'aime ça, moi.

POINT DU JOUR (*annonçant*). L'Eau et le Vin !

SCENE VII.

LES MÊMES, L'EAU, LE VIN.

(*Ils entrent en se tenant par la main.*)

PHOEBÉ. Comment ? ensemble.

L'EAU. Oh! oui, madame.

LE VIN. Nous sommes devenus presque inséparables.

PHOEBUS. Tiens, tiens, tiens !

L'EAU ET LE VIN.

Air : *Nous-avons-t-y bu !*

Nous étions jadis (*bis*),
Enn'mis de naissance
Nous étions jadis (*bis*),
De vrais ennemis.
Oh ! oui !
De vrais ennemis.

L'EAU.

Mais v'là qu'un beau jour
Nous fim' connaissance.

LE VIN.

Un mariage d'amour
M' promettait l'aisance.

L'EAU.

D'un marchand de vin
De la barrière Pantin,
La généreuse main
Bénit notre hymen.

LE VIN.

En nous unissant,
Ce négociant
Nous a tous les deux
Rendus bien heureux.

ENSEMBLE.

Il nous a tout d' go
Mis dans l'abondance,
Et v'là le vin et l'eau
Dans le même tonneau.

TOUS DEUX.

Nous étions jadis (*bis*).
Enn'mis de naissance,
C'était bon jadis (*bis*).
Nous sommes unis!
Oh! oui.
Pour toujours unis.

PHŒBUS. Et de quoi vous plaignez-vous, époux infortunés?

TOUS DEUX. Du temps.

SATURNE. Boum! dans l'estomac.

PHŒBUS, Silence! vieux pleureur, et vous, parlez chacun à votre tour, si ça vous est égal.

LE VIN. De quoi je me plains? Vous le savez bien. Je poussais de mon mieux, malgré la grosse maladie que j'ai faite, et dont je commençais à me remettre. Je prenais de l'embonpoint tant que je pouvais, des couleurs tant qu'il en voulait venir... tout ça pour faire plaisir aux autres, et pour rendre le monde gai et content... car vous savez...

Air : *Du Mariage extravagant.*

Sans l'ivresse et sans le bon vin
Non! pas d'entrain,
Pas d'allégresse,
Pas d'allégresse et pas d'entrain
Sans le bon vin et sans l'ivresse.
Eh! gai! gai! vive le bon vin,
Vive l'allégresse
Et vive l'ivresse!
Eh! gai! gai! vive le bon vin!
Car Dieu t'a créé pour le bonheur du genre humain,
Vin.
Mais soudain du ciel méchant
Sur moi tombe la colère,
Et l'homme dit en voyant
L'eau qui remplira son verre :
(*Tristement*). Sans l'ivresse, etc.
Ah! ah! ah! plus de bon vin,
Et plus d'allégresse!
Ah! ah! ah! plus de bon vin!
Que va faire, hélas! sans toi le pauvre genre humain,
Vin?

PHOEBUS.

C'est vrai. Je veux, dès demain,
Te faire un destin plus large,
Et, quand viendra l'an prochain,
On redira, je m'en charge.
Sans l'ivresse et sans le bon vin, etc.
Eh! gai! gai! vive le bon vin, etc., etc.

Reprise en chœur.

LE VIN. Merci! Mais en attendant, j'ai souffert un dommage réel.

CARCASSOU. Pas une perte sèche, toujours.

LE VIN. C'est égal, je me plains.

L'EAU. Et moi, je joins mes plaintes aux siennes.

PHOEBUS. Lui, ça se comprend; mais toi!

L'EAU. Hé! n'ai-je pas mes établissements, qui ne vivent que par la grâce du beau temps et de la chaleur. Mais cette année...

Air : *En vérité, je vous le dis.*

On ne peut plus aller aux eaux,
En vain sur ses grèves coquettes,
La mer invite les toilettes
A venir livrer leurs assauts.
Quand le ciel humide vous mouille,
Qu'ira-t-on faire dans les flots?
A moins d'être monsieur Gribouille,
On ne peut plus aller aux eaux.

On ne peut plus aller aux eaux;
Vainement la rouge et la noire
De la fortune aléatoire
Aux pigeons tendent les appeaux.
Ceux qui venaient porter leurs plumes,
Chaque année, aux fatals râteaux,
Ne voient à gagner que des rhumes...
On ne peut plus aller aux eaux.

PHOEBÉ. Ah! En voilà une qui est dans son droit. Condamnons.

PHOEBUS. Silence!

L'EAU. Et je n'ai pas fini. Sans aller si loin, mes pauvres écoles de natation... ce sont elles qui n'ont pas eu d'agrément. Elles ont eu beau mettre leurs caleçons au-dessous du cours, tout comme si c'étaient des pantalons...

CARCASSOU. Té! Comme je passais sur le quai, on m'a offert une prime si je voulais entrer au bain, pour donner l'exemple aux autres. J'ai refusé net! J'ai re...fu...sé...

L'EAU. Le Ciel m'a fait une concurrence déloyale, et pas seulement à moi, mais à tout ce qui m'est cher. Cette année, je me suis fait cadeau d'une fille. Je l'ai amenée. Vous allez voir. (*Appelant au fond*). Viens, mon enfant. Approche.

SCÈNE VIII.

LES MÊMES, LA FONTAINE-SAINT-MICHEL

LA FONTAINE. Me voici. A la fraîche, qui veut boire!

PHOEBUS. Merci, petite. Dites-nous plutôt qui vous êtes.

LA FONTAINE. Je suis la fontaine Saint-Michel, une fontaine toute neuve, en face d'un pont tout neuf. Vous avez dû me voir là, plaquée contre une muraille.

CARCASSOU. Eh! oui! Té! En passant sur le pont, j'ai vu une grande redingote, peinte en gris sur un grand mur blanc.

LA FONTAINE. Ce n'est pas ça. A côté.

L'EAU. Vous voyez. C'est tout jeune, tout gentil, tout réjouissant; c'est fait pour être regardé. Mais une fontaine quand il pleut...

CARCASSOU. C'est de la moutarde après dîner.

LA FONTAINE. Et avoir de si jolies statues! Si ce n'est pas à en pleurer toute l'eau de son corps!...

PHŒBUS. Je comprends que vos statues soient la cause de vos larmes.

Air : *Du Luth galant.*

Car mes bons yeux m'ont donné le pouvoir
De les trouver enfin sur leur perchoir.
En les voyant là-haut, maigres et court vêtues,
Je me suis dit tout bas que ces pauvres statues,
On a dû, bien longtemps avant qu'on les ait eues,
Pleurer pour les avoir (*bis*).

PHŒBÉ. La cause est entendue. Condamnons.

PHŒBUS. Un instant, donc! C'est un tic.

CARCASSOU. Bagasse! madame est donc une lunatique ? (*Il rit*). Voilà comme nous les faisons, à Beaucaire. Nous sommes si bêtes.

PHŒBUS. Il faut entendre les témoins à décharge.

POINT DU JOUR (*annonçant*). Madame la Grande-Ourse.

SCÈNE IX.

LES MÊMES, LA GRANDE OURSE.

PHŒBUS. Une constellation ! La vérité va briller.

PHŒBÉ. C'est un faux témoin.

LA GRANDE-OURSE. Moi ! La Grande Ourse ! patrone des auteurs dramatiques.

CARCASSON. Té ! Pourquoi ?

LA GRANDE-OURSE. Je vais vous le dire.

Air : *Je voulais bien. (Fra Diavolo).*

Prenez mon ours (*bis*).
Disait au visir imbécile,
Dans un célèbre vaudeville
Un trafiquant plein de détours.
Prenez mon ours (*ter*).
Et depuis les auteurs qu'on aime,
Jusqu'à l'auteur du mot lui-même,
Répètent aux directeurs sourds :
Prenez mon ours (*bis*).
Prenez, prenez mon ours,
Prenez mon ours.

PHŒBUS.

Même air :

Prenez mon ours, (*bis*)
Dit ce bon père de famille,
Pressé de marier sa fille,
Dont les vingt ans lui semblent lourds.
Prenez mon ours (*ter*).

CARCASSOU.

Et ce financier sans finance,
Pour arriver à l'opulance,
Que dit-il aux gogos balourds ?
Prenez mon ours, etc.

PHŒBUS. Parle maintenant. Tu jures de dire la vérité ?

LA GRANDE OURSE. Parbleu ! La patrone des gens de lettres, est-ce que ça peut mentir?

PHŒBUS. C'est vrai. Les journalistes te renieraient, si tu en étais capable.

LA GRANDE OURSE. J'ai donc à dire en faveur de la prévenue qu'elle a comblé mes pauvres théâtres de bienfaits. Les preuves sont là. Voulez-vous voir la petite Pologne ?

PHŒBUS (*vivement*). Merci, je m'en rapporte...

LA GRANDE OURSE. Vous avez tort. C'est une pièce... favorable à la digestion. Voulez-vous que j'appelle la Fille du diable ?

CARCASSOU. Non, je l'ai vue aux Variétés. Trop de dinses !

PHŒBUS. Il connaît tout, ce méridional.

CARCASSOU. Tout... et vous?

PHŒBUS. Oh ! moi, je ne vais jamais au spectacle. Je suis toujours couché à cette heure-là. Ah ! si, pourtant... j'ai vu l'hippodrome... C'est amusant,; mais, je ne sais pas pourquoi, ça ne m'a pas donné envie d'y retourner.

LA GRANDE OURSE. Voulez-vous que j'appelle le gentilhomme de la montagne?

CARCASSOU. Trop de dinses. Et puis, on aime trop la couleur locale à ce théâtre-là. J'ai demandé un parterre : on m'a flanqué dans un vrai jardin.

LA GRANDE OURSE.

Air : *Amis, voici la riante semaine.*

D'un tel progrès, c'est à tort qu'on murmure,
Ceux qui craignaient, par ordre du médecin,
Les changements dans la température,
Pouvaient aller à la Port'-Saint-Martin.

CARCASSOU.

Oui, je m'en suis aperçu là. Ma stalle
Du frais bassin avoisinait les bords.
Comm' dans la rue, il pleuvait dans la salle,
Et l'on gelait dedans comme dehors (*bis*).

PHŒBUS. Et tu dis que toutes ces pièces là ont fait de l'argent? Pourquoi ?

LA GRANDE OURSE. Parce qu'il pleuvait. Oh ! pas pour autre chose.

PHŒBÉ. Elles ont été payées pour le dire.

LA GRANDE OURSE. Il y en a surtout une qui a encore été payée plus cher que les autres. Cent représentations à la troisième reprise. C'est le Juif-Errant.

CARCASSOU. Ah! encore des dinses.

SCÈNE X.

LES MÊMES, RODIN.

RODIN (*mangeant son radis noir*). Qui m'appelle ?

Air : *Du Juif-Errant.*

D'être millionnaire
J'ai le désir tout bas ;
On ne s'en dout'rait guère,
A mon frugal repas.
Jamais on n'a dû voir
Manger tant d' radis noir.
Deux cents millions !

PHŒBUS. Vous êtes ce célèbre piéton? Eh ! bien, et la barbe ?

RODIN. Je suis Rodin, le bon Rodin. (*Se frottant les mains*). Ça va bien... ça va bien... Patience ! j'aurai mes deux cents millions.

CARCASSOU. Et c'est pour les gagner que vous vous êtes associé avec vos cinq frères ?

RODIN (*étonné*). Moi ?

CARCASSOU. Oui, j'ai vu, rue de la Paix, une boutique neuve sur laquelle il y a : six Rodin, confiseur.

RODIN. Confiseur!

PHŒBUS. Il y a erreur. Vous prononcez mal, homme du midi. Ce n'est pas siro ; c'est siró...

Air : *De la Robe et les Bottes.*

Ce confiseur capitaliste
N'est pas un si grand scélérat ;
C'est un simple vaudevilliste...

CARCASSOU.

Ah ! je conçois qu'il veuille un autre état.
Ses fonctions sont pourtant peu changées:
Comme autrefois, il lui faudra toujours
Faire au public avaler des dragées, } *bis.*
Et fabriquer des petits fours. }

PHŒBÉ. Avec tout ça, nous n'en finissons pas. Condamnons.

TOUS. Oui, oui, condamnons.

PHOEBUS (*à Phœbé*). Vous en parlez à votre aise, vous. On voit bien que vous n'êtes pas père. L'enfant est-elle coupable, seulement ?

TOUS. Elle l'est.

PHOEBUS. Ça pourrait bien être.

LA GRANDE OURSE et VESTA. Elle ne l'est pas.

PHOEBUS. C'est possible. Ah! j'ai du tintouin. Enfin...qu'on ramène la prévenue.

SCÈNE XI.

LES MÊMES, LA PLUIE.

LA PLUIE.

Air: *Bonne nuit, bonne nuit.* (*Le sourd*).

Me voilà!

TOUS.

La voilà!

LA PLUIE.

Sans plainte
Aussi bien que sans crainte.
Me voilà!

TOUS.

La voilà!

LN PLUIE.

De moi, j'attends ce qu'on fera.
La voilà!
La voilà!
Va-t-on, par un arrêt sévère,
Me mettre à sec, j'en tremble, hélas!

PHOEBUS.

Ah ! si j'allais, malheureux père,
Fair' de ma fille une Calas.

ENSEMBLE.

LA PLUIE.

Me voilà!

TOUS.

La voilà, etc.

PHOEBUS. Accusée... et vous, corps célestes... (*Il tousse avec émotion*). Oui, les faits de l'accusation et les moyens de la défense ; oui, les dépositions contradictoires des témoins; oui... non... il en résulte que je ne sais pas du tout à quoi m'en tenir.

TOUS (*avec désappointement*). Ah!

LA PLUIE. Alors... je peux recommencer à faire aller mes cascades ?

CARCASSOU. Qué! Bagasse! Ça manque de jugement, ce jugement là.

TOUS. Oui... oui.

PHOEBUS. Que voulez-vous? Les uns disent blanc ; les autres, noir. On ne sait auquel entendre.

CARCASSOU. Allez-y voir, alors. Té! Dans le midi, qui veut savoir, il y va voir.

PHOEBUS. Té! Ils ont de l'idée dans le midi.

CARCASSOU. Trop.

PHOEBUS. J'irai. — J'y vais!

PHOEBE. Un voyage. J'en suis.

PHOEBUS (*à part*). Je t'en casse. (*Haut.*) Un voyage d'agrément! vous n'en êtes pas. Adieu.

LA PLUIE. Un instant. Une fois sur la terre, il vous faut un guide. (*Lui donnant un livre.*) Prenez ceci.

PHOEBUS. Qu'est-ce que c'est?

LA PLUIE. Un guide du voyageur, fait exprès pour ce pays là.

Air : De Suzanne Lagier. (*C'est la première du printemps.*)

Ce livre que vous tend ma main
S'appelle *la Bêtise humaine*,
Sa lecture pourra sans peine
Vous guider dans votre chemin.
Quand, dans cette ville où tout change
Et que l'on appelle Paris,
Devant quelque chose d'étrange,
Vous vous arrêterez surpris,
Du petit livre que voilà,
Ouvrez les couvertures roses;
Cherchez-y la raison des choses,
Et le livre vous la dira.
Quand vous verrez le vrai mérite
Petit devant le faux talent,
Et grandir le sot qui s'abrite
Sous le front d'un masque insolent;
Quand vous verrez de bonne foi
Des paons adorer le plumage,
Du livre tournez une page...
Le livre vous dira pourquoi.
Vous saurez, cette page lue,
Pourquoi la poésie endort;
Vous saurez d'où vient qu'on salue
Ce portefeuille et ce sac d'or.
Pourquoi faire en secret le bien ?
Pourquoi se vanter au contraire
Du mal qu'on n'oserait pas faire?
Lisez, le livre le sait bien.
Enfin, quand vous verrez des filles
Sans cœur, sans esprit, sans beauté,
Prendre les époux aux familles,
Vous regarderez, hébété ;
Et vous demanderez pourquoi
On achète à ces demoiselles
Le droit d'être honni chez elles,
Quand on peut être aimé chez soi.
Pourquoi? Regardez l'étiquette.
C'est que l'homme n'est qu'un oison.
Pourquoi ? C'est que le monde est bête,
Et c'est que le livre a raison.
Car le livre que tient ma main
S'appelle *la Bêtise humaine*,
Et c'est lui qui pourra sans peine
Vous guider dans votre chemin.

PHOEBUS. Merci. D'ailleurs ce fils du midi viendra avec moi, et, si je perds le livre, eh! bien! il le représentera.

CARCASSOU. Merci. Grâce à la compagnie du Soleil, je serai assuré contre l'ennui.

LA PLUIE.

Air : *De ma nièce et mon ours.*

Lorsque vous partez pour la terre,
Et quittez le séjour des cieux,
Grand distributeur de lumière,
Recevez ici nos adieux (*quatre fois*).
Et revenez vite en ces lieux.
Pour Paris, pour Paris,
Pour Paris, les voilà partis!
A Paris, à Paris,
Vous serez charmés et surpris.
Reprise en chœur.

LA PLUIE.

O vous, mon père, ô vous mon juge,
Vous allez voir des gens affreux.
Vous comprendrez que le déluge
Avait droit de tomber sur eux (*quatre fois*),
Car ce sont de grands malheureux.
A Paris, à Paris, etc., etc.
Reprise en chœur.
(La toile tombe).

ACTE II.

LE JARDIN D'ACCLIMATATION

Un jardin. — A gauche, l'entrée du jardin avec un tourniquet.

SCÈNE I.

LE BOIS DE BOULOGNE, PROMENEURS, *puis* BEAUSOLEIL *et* CARCASSOU.

CHŒUR.

Air : *de la Muette.*

Promenons-nous ! Promenons-nous !
Pendant que le ciel paraît doux.
Il faut profiter d'un beau jour,
Qui vient moins souvent qu'à son tour.

LE BOIS, (*voyant entrer Beausoleil et Carcassou.*) Ah! voilà des visiteurs qui m'arrivent. Entrez donc, messieurs !

(*Reprise du chœur. Les promeneurs sortent.*)

CARCASSOU. Arrivez donc, hé, lambin !

BEAUSOLEIL. Me voici. C'est que j'étais empêtré dans le tourniquet.

CARCASSOU. Te ! Voilà ce que c'est que d'être un gros personnage, seigneur Phœbus. Les tourniquets, ils ne me sont de rien, à moi.

BEAUSOLEIL. Ne m'appelez donc pas comme ça. Ce n'est pas la peine d'avoir dépouillé mes rayons, si vous trahissez mon incognito.

CARCASSOU. Te ! Comment, alors ?

BEAUSOLEIL. Appelez-moi Beausoleil. C'est mon nom de voyage.

CARCASSOU. Beausoleil ! Fat que vous êtes ! *(Il lui frappe sur le ventre.)*

BEAUSOLEIL. C'est ça, tapez-moi sur le ventre. Ça me déguise. — Voyons ! Orientons-nous un peu. Où sommes-nous, ici ?

LE BOIS *(s'avançant.)* Chez moi, messieurs.

CARCASSOU. Qui ? Te ! Qui, vous ?

LE BOIS. Le bois de Boulogne, et je m'en vante. Le bois le plus fréquenté de l'Univers.

Air : *des Zouaves.*

Depuis que l'on m'a reparé,
Qu'élaguant mes arbres maussades,
On m'a fraîchement décoré
De lacs, de grottes, de cascades,
Afin d'voir ce bois d'acajou
On vient d'Alsace et de Gascogne
Au bois d'Boubou *(ter.)*
Au bois d'Boulogne.

BEAUSOLEIL.

Je croyais que pour leurs pâquis
Le daim et la biche ingénue
Auraient préféré les taillis
D'une forêt moins bien tenue.
On en voit cependant beaucoup
Qui se promènent sans vergogne
Au bois d'Boubou *(ter.)*
Au bois d'Boulogne !

CARCASSOU.

Si j'avais, adroit braconnier,
Des filets que je pourrais tendre,
Et qu'on me donnât le gibier, —
Après que j'aurais su le prendre —
Ah ! Bagasse, je sais bien où
Je viendrais faire ma besogne...
Au bois d'Boubou, *(ter.)*
Au bois d'Boulogne.

(Il rit et donne un grand coup à Beausoleil.)

BEAUSOLEIL *(riant aussi).* Oui ; mais, pour prendre ce gibier-là, il faut des filets à mettre sur la tête. *(Il rit et donne un coup à Carcassou.)*

CARCASSOU. Ou des filets aux truffes (*même jeu.)*

BEAUSOLEIL *(se frottant).* Ça me déguise. *(Au Bois.)* En somme, vous êtes un bois que j'aime, quoique vous ne soyez pas un bois sans détours. On vous a fait un tas de petites allées sinueuses, qui nous ont conduites ici...

CARCASSOU. Sans que nous sachions où nous allions.

LE BOIS. Vous êtes dans le jardin d'acclimatation, un nouvel établissement que je viens d'ouvrir.

BEAUSOLEIL. Pourquoi faire ?

CARCASSOU. Qu'est-ce qu'on y mange ?

LE BOIS. Dame ! J'ai une magnanerie ; mais il n'y a pas encore de vers à soie.

CARCASSOU. Quand on n'a pas de vers à soi, on ne peut pas les montrer aux autres.

LE BOIS. J'ai aussi des bassins pour la pisciculture, mais il n'y a pas encore de poissons.

BEAUSOLEIL. Est-ce que vous faites aussi venir des huîtres ?

LE BOIS, *le regardant en face.* Non. Elles viennent toutes seules. *(On entend au-dehors un cri de poule.)*

BEAUSOLEIL. Tiens ! Vous élevez de la volaille !

LE BOIS. Oh ! c'est une espèce particulière.

SCÈNE II.

LES MÊMES, LA POULE AUX ŒUFS D'OR.

Air : *Cocococorico.*

Cocococorico ! *(bis.)*
Le public trompe mon attente ;
Ma voix demeure sans écho ;
Excepté les marchands d'coco,
Nul ne me répond quand je chante :
Cocococorico ! *(5 fois.)*

CARCASSOU. Comment appelez-vous ce bipède ?

LA POULE. Je suis la Poule aux œufs d'or.

BEAUSOLEIL *(au Bois.)* Ah ! vous avez raison de vouloir l'acclimater.

LA POULE. Hélas ! monsieur ! J'ai les inconvénients de la richesse. Il y a trop de gens qui ne pensent qu'à m'assassiner !

Air : *La clé ! la clé !*

Poule aux œufs d'or ! Poule aux œufs d'or !
Sans retenue
Chacun me tue ;
Chacun s'arrange sans remord
Pour tuer la poule aux œufs d'or,

A ces trucs habituée,

Certaine direction
Naguère encor m'a tuée
A coups de pied... de mouton

TOUS.

Poule aux œufs d'or! Poule aux œufs d'or!
Sans retenue
Chacun me/te tue
Poule aux œufs d'or! Poule aux œufs d'or!
Comment fais-tu pour vivre encor? —

CARCASSOU.

J'avais une rente... petite;
Pour la fair' grand' tout d'un coup,
A la Bourse j'allai vite,
Et je n'ai plus rien du tout.

TOUS.

Poule aux œufs d'or... etc.

LE BOIS.

Un ami payait mon terme;
Mais je lui servis, hélas!
Une carotte un peu ferme...
Il ne la digéra pas.

TOUS.

Poule aux œufs d'or... etc.

BEAUSOLEIL.

J'avais un'poul'blanche et noire,
Qui me pondait des œufs rouges.
Mais j'l'ai fait mettre à la broche
J'aime mieux un' poul' cuite qu'huit crues

Poule aux œufs durs... Poule aux œufs durs...

CARCASSOU. *(l'interrompant.)* Ce n'est pas ça... Poule aux œufs d'or.

BEAUSOLEIL. Bah. Des œufs d'or sont des œufs durs.

CARCASSOU. Oui, mais ça ne rime pas. Dites comme nous.

TOUS.

Poule aux œufs d'or... etc.

BEAUSOLEIL. Cette pauvre Poulette. Son sort me touche. Il est bien à désirer qu'elle s'acclimate un peu, elle et ses œufs d'or.

SCÈNE III.

LES MÊMES, L'ÉVEILLÉ.

L'EVEILLE. *(s'approchant subitement.)* Dort. Qui est-ce qui dort?

BEAUSOLEIL. Eh! Personne.

L'EVEILLE. Alors, qui est-ce qui veut dormir?

CARCASSOU. Eh! Il n'est pas l'heure.

L'EVEILLE. Il n'y a pas d'heure pour moi. Je m'appelle l'Eveillé, et j'endors, j'endors, j'endors.

Air : *Paris le matin.*

J'endors à la ronde,
J'endors tout le monde,
La brune, la blonde,
Les autres aussi.
Divine science,
Sublime puissance,
L'humaine prudence
Te dira merci.

Auprès de fille
Fraîche et gentille,
Dont l'œil petille,
J'endors les galants.
Cœur qui murmure
A l'aventure,
Flamme encor pure...
Dormez. Il est temps.

J'endors à toute heure,
Et dans la demeure
Où le moutard pleure,
Où la femme rit,
Où l'epoux réclame,
J'endors, sur mon âme,
L'enfant et la femme...
Et puis le mari.

Aux comédies,
Aux tragedies,
Mal degourdies
J'adoucis souvent
Du dur parterre
L'arrêt sévère :
On ne peut guère
Siffler en dormant.

J'endors le caprice,
J'endors la malice,
J'endors l'avarice;
J'endors sans façons
La colère impie,
L'orgueil et l'envie;
Triste jalousie,
J'endors tes soupçons.

Toute la terre,
— C'est mon affaire, —
Va, je l'espère
Ressembler en grand
A la tourelle
Où dormait celle
Que l'on appelle
Belle-au-Bois-dormant.

Puissance féconde;
J'endors à la ronde
J'endors tout le monde,
J'endors sans effort;
Et si l'on en doute,
C'est qu'on n'y voit goutte,
Car, dès qu'on m'écoute,
J'endors. Oui, j'endors,

Reprise, ensemble,

LÉVEILLÉ.

Puissance féconde! etc.

LES AUTRES.

Sa docte faconde
Endort à la ronde,
Endort tout le monde,
Endort sans effort.
Et si l'on en doute,
C'est qu'on n'y voit goutte
Car, dès qu'on l'écoute,
Je sens qu'il endort.

CARCASSOU. *(bâillant.)* C'est vrai. Il endort.

BEAUSOLEIL. *(de même.)* Et moi aussi... j'en dors.

L'EVEILLE. Parfait. Le sujet est disposé. Nous pouvons procéder. Si vous voulez vous endormir, commencez par ouvrir les yeux... et regardez-moi ça. *(Il met une cuiller d'argent devant les yeux de Beausoleil.)*

BEAUSOLEIL. Une cuiller. Est-ce une manière de m'inviter à manger la soupe?

L'EVEILLE. Regardez toujours. *(Il se tourne vers Carcassou, tout en continuant de présenter la cuiller à Beausoleil.)* Faites attention, monsieur.

BEAUSOLEIL. Ah ! il m'ennuie. *(Il s'éloigne et va s'asseoir, tournant le dos à l'Eveillé.)*

L'EVEILLE. Vous allez voir les effets d'une science nouvelle, récemment découverte par un homme de génie modeste. C'est moi qui l'ai inventée. C'est moi qui ai pressenti cette propriété merveilleuse qu'ont les objets brillants d'endormir ceux qui les regardent, propriété que j'ai appelée l'hypnotisme. C'est un mot qui vient du grec.

CARCASSOU. Il a eu tort de se déranger. *(Beausoleil ronfle sur sa chaise.)*

L'EVEILLE. *(se retournant.)* L'épreuve a réussi. Il dort.

LE BOIS. C'est vrai.

CARCASSOU. Nous allons voir. *(Il donne à Beausoleil une pichenette sur le nez.)*

BEAUSOLEIL. *(éternuant.)* Apchi ! Tiens. Je crois que j'ai clos la paupière. C'est ce bavard-là qui en est cause. Quel raseur.

LE BOIS. N'importe. Sa science a du bon, et je la prends sous mon patronage. Elle pourra rendre des services chez les orfèvres du Palais-Royal et ailleurs.

Air : *d'Aristippe.*

Pour les infortunés qu'on vole
Ce somnifère est fertile en bienfaits.
Reposez-vous sur sa parole,
Epoux trompés et bijoutiers refaits.
Quell' chanc' pour vous si désormais,
Voyant briller le bijou sympathique,
Voyant briller les yeux qui l'ont charmé,
L'adroit filou s'endort dans la boutique,
L'adroit amant près de l'objet aimé. *(bis.)*

BEAUSOLEIL. Ça a un mauvais côté.

Même air.

Outre qu'à table on se sert de cuillères,
Par ci, par là, sans qu'on en soit surpris,
On cite encor quelques femmes — Oh, guères! —
Lesquelles ont des yeux pour leurs maris.
Comprenez-vous ? — D'avance j'en frémis.
Que deviendrait le monde, — quel dommage!
Si l'on voyait, soudain stupéfiés,
Tous les dineurs dormir sur leur potage,
Tous les époux auprès de leurs moitiés.

LA POULE. Heureusement que tout ça, c'est des bêtises.

L'EVEILLE. C'est bien à vous à le dire, vous qui avez endormi tant de gens en leur montrant vos œufs d'or.

LA POULE. Insolent !

L'EVEILLE. Pondeuse !

BEAUSOLEIL. Ils vont se battre ; pauvre poule !

LA POULE. N'aie pas peur, et, pour te récompenser de l'interêt que tu me portes, prends cet œuf. Forme un souhait et casse l'œuf, ton souhait s'accomplira.

ENSEMBLE

Air: *de la biche au bois.*

LA POULE, L'EVEILLE.

Ah, J'étouffe de fureur,
Et pour venger mon honneur,
Je veux lui montrer sans peur
C'que peut faire
Ma colère.
Qu'on ne me retienne pas
Et ce faiseur / Et cet' faiseus' d'embarras
Va rendre hommage tout bas
A la force de mon bras.

LES AUTRES.

Ils étouffent de fureur,
Et pour venger leur honneur,
Ils veulent montrer sans peur
C'que peut faire
Leur colère.
Chacun d'eux ne boude pas
Et veut que sans embarras
On rende hommage tout bas
A la force de son bras.

(La Poule et l'Eveillé sortent en se disputant. De l'autre côté entrent Madeleine et Lorette.)

SCÈNE IV.

LE BOIS, CARCASSOU, BEAUSOLEIL, MADELEINE, LORETTE.

BEAUSOLEIL. Avec tout ça, me voilà à la tête d'un œuf. — Il s'agit de bien le placer. Voyons. Si je souhaitais de voir les autres curiosités de cet établissement. C'est ça. *(Il lève son œuf. — Le rabaissant.)* Non.

LE BOIS. C'est inutile. Elles viennent à toi. Tu vois de nouvelles modes, en train de s'acclimater, *(montrant Lorette.)* Le chapeau Montespan.

CARCASSOU. C'est ma coiffure favorite.

BEAUSOLEIL. *(regardant Madeleine qui porte un bonnet Hongrois.)* J'aime mieux l'autre, moi... le lampion. C'est plus commode pour la pluie, à cause de la gouttière qui est autour. On peut y mettre des poissons rouges.

LE BOIS. C'est bien porté.

CARCASSOU. Ça se voit.

BEAUSOLEIL. Ces dames sont au moins des camarades de la... du volatile qui était là tout-à-l'heure.

LORETTE. Oh. Fi...

MADELEINE. Oh. Fi. Sachez que je m'appelle Madeleine de Commercy...

CARCASSOU. On en mangerait...

MADELEINE. Et que Mademoiselle est ma camarade Lorette. Je suis premier rôle et elle petite utilité au grand théâtre de Vivienne. Nous avez-vous vues, dans Rédemption ?

CARCASSOU. Oui. *(baillant)* Je m'en souviens.

BEAUSOLEIL. Une Madeleine... Une Lorette. J'en suis pour ce que j'ai dit : Ce sont des cocottes.

MADELEINE. Nous.

Air : *Final du Quadrille d'Orphée.*

Pas de mot impertinent
Nous sommes des farceuses ;
Nous avons beaucoup d'argent
Mais sans dire comment.
Bien qu'on puiss' sans s'tromper trop,
Nous prendr' pour des noceuses.
Comme à des femm's comme il faut,
Qu'on nous ôt' son chapeau.
D'abord j'aimais
Le champagne et la gaudriole
Et, j'm'en vantais,
C'était l'seul amour que j'avais.
Mon cœur marbré
Se fend soudain pour un jeun' drôle,
Qu' j'ai rencontré
Cloîtr' Saint-Honoré.
V'là que j'deviens rêveuse,
Je me sens nerveuse ;
Chez un vieil oison
J'm'en vais acheter du poison.
Car mon amant m'abhorre,

Et pour qu'il m'adore
Faut prendre à mes repas
D'la mort aux rats.

Reprise en chœur.

Pas de mot impertinent, etc.

MADELEINE. Oui, monsieur, comme il faut, c'est ma devise. Je reçois chez moi les gens les plus huppés ; c'est mon mot. Je pourrais les appeler pignoufs ; je me contente de leur dire que leurs précepteurs élevaient des dindons.

BEAUSOLEIL. Et ils sont contents ?

CARCASSOU. On n'a jamais pu savoir. Il n'est plus question d'eux. Dans cette pièce-là, quand on a vu une fois quelqu'un, on est sûr qu'on ne le verra plus. Ça jette un peu de décousu dans l'ouvrage.

BEAUSOLEIL. Vous êtes sévère.

CARCASSOU. Dame...

Air : *de l'Héritière.*

Si, venant place Lafayette,
Louer un log'ment de garçon,
Vous appreniez que l'cabinet de toilette
Se trouve place de l'Odéon,
Le loueriez-vous ?

BEAUSOLEIL.

Non certes.

CARCASSOU.

Faut-il donc,

Moi, que je loue un dram' qui m'importune,
Et m'fait l'effet d'un grand appartement,
Composé d'six pièces, donc chacune
S'rait dans un quartier différent ?

BEAUSOLEIL. *(montrant Lorette.)* Et mademoiselle, qu'est-ce qu'elle fait dans cette affaire-là ?

LORETTE. Moi, monsieur ? Je mange.

MADELEINE. Elle est très spirituelle ; elle égaie la poire et le fromage.

LORETTE. Oh, pour ça, oui. Je fais bien rire le duc français, le prince russe et le mylord.

BEAUSOLEIL. De quel pays, le mylord ?

LORETTE. Ah. Je ne sais pas. Et puis, j'ai ma fille, un enfant de 4 ans, que je mène là pour lui apprendre les belles manières.

BEAUSOLEIL. Une fille à vous ?

LORETTE. Dame. Je le crois. Mais vous savez... les hommes sont si trompeurs. L'autre jour, encore...

Air : *du Savetier et le financier.*

Sans y penser, j'fis connaissance
D'un monsieur que j'ai pris pour un Princ' de Moscou ;
Mais j'apprends, voyez quelle chance,
Que ce faux boyard vend d'la toile et du padou.
Je croyais bien l'avoir pris
Russe, russe, russe, russe, russe ;
Par malheur, je l'avais pris
Russe, russe, russe, russe, rue Saint-Denis.

(Reprise en chœur.)

CARCASSOU *(au bois.)* Et c'est ça que vous appelez des espèces utiles... ou interessantes ?

LE BOIS. Races indigènes. Veux-tu quelque chose de plus exotique ? — Attends.

MADELEINE *(à Lorette.)* Il n'y a rien à faire avec ces gens-là. Du flan. Allons retrouver le Duc.

ENSEMBLE

MADELEINE, LORETTE, LE BOIS.

Air : *Koukouli !*

Du nouveau. *(4 fois.)*
Ils connaissent trop
Nos / Vos ficelles.
Du nouveau *(bis.)*
Car pour les demoiselles,
Ils sont froids. Il faut
Du nouveau.

LES AUTRES.

Du nouveau. *(4 fois.)*
Nous connaissons trop
Ces donzelles.
Du nouveau *(bis.)*
Car de ces demoiselles
Je suis las. Il faut.
Du nouveau.

(Madeleine et Lorette sortent à gauche.)

SCÈNE V.

CARCASSOU, BEAUSOLEIL, LE BOIS, MIEN-TIEN-SIEN, CHOU-CHOU.

ENSEMBLE

MIEN-TIEN-SIEN ET CHOU-CHOU.

Du nouveau. *(4 fois.)*
Ici chaqu' tableau
Nous étonne.
Du nouveau. *(bis.)*
Ici l'on nous en donne.
Je vois à gogo
Du nouveau.

LES AUTRES.

Du nouveau *(4 fois.)*
Je vois un tableau
Qui m'étonne.
Du nouveau *(bis.)*
La Chine nous en donne;
Et voici, bravo,
Du nouveau.

CARCASSOU. Té. Des singes.

BEAUSOLEIL. Ou je me trompe bien, ou ce sont des Chinois.

CARCASSOU. Faudra voir.

MIEN-TIEN-SIEN *(à Chouchou.)* Voici des Barbares.

CHOU-CHOU. *(baissant les yeux.)* Ah. Tant mieux. *(Elle regarde du coin de l'œil.)*

MIEN-TIEN-SIEN. *(bas.)* Songeons à notre œuvre. *(Chou-Chou fait signe que oui, et lorgne Beausoleil ; s'avançant.)* Bonjour, Barbare.

CARCASSOU. Adieu, mon brave.

CHOU-CHOU *(s'approchant de Beausoleil.)* Bonjour, bel étranger.

BEAUSOLEIL. Mademoiselle...

CARCASSOU. *(résistant à Mien-Tien-Sien, qui veut l'embrasser.)* Té. Qu'est-ce qu'il a, ce moustachu ?

BEAUSOLEIL. *(même jeu avec Chou-Chou.)* Hé bien. Elle veut me mordre.

LE BOIS. N'ayez pas peur. Ils veulent seulement vous saluer à leur manière, nez à nez.

BEAUSOLEIL. Ah. Si j'avais su... Je me serais volontiers laissé frotter par ce nez à la Chinoise.

CARCASSOU. *(prenant les mains de Mien-Tien-Sien et le tenant à distance.)* Bon. Bon. Frottez-vous à d'autres.

MIEN-TIEN-SIEN. Ces gens-là apprendront difficilement la politesse. Bouddha me soit en aide. J'aurai du mal.

BEAUSOLEIL. A quoi faire ?

MIEN-TIEN-SIEN. Je m'appelle Mien-Tien-Sien. Quand j'ai vu que les Barbares allaient envahir le sacré empire du Milieu, j'ai conçu le projet sublime de venir chez eux et de les civiliser.

BEAUSOLEIL. Par représailles.

MIEN-TIEN-SIEN. J'ai pris pour m'accompagner Chou-Chou, la fleur d'asperge, la plus fidèle de mes épouses, et je suis venu.

Air : *de Pilati. (L'homme à trois jambes.)*

Comm' nous vous saurez un jour
Abandonnant vos fourchettes,
Manger avec des baguettes,
Ainsi qu'on bat du tambour.
Vous saurez surtout
Croquer en gens de goût
Des hann'tons et des saut'relles,
Boire au lieu de vin
De l'huile de ricin,
Aimer les nids d'hirondelles.

CHOU-CHOU.

Les messieurs à cheveux courts,
Cherchant ce qui nous attache,
Auront une grande moustache
Pour enchaîner les amours.

MIEN-TIEN-SIEN.

Les dames auront
Un petit pied tout rond,
Les dents couleur de turquoise,
Les yeux retroussés,
Les ongles vernissés,
Tout, enfin, à la chinoise!

CHOU-CHOU.

Et vous avouerez bientôt
Qu'on a l'âme satisfaite
Quand une femme ainsi faite
Vous appell' : mon gros magot.

REPRISE ENSEMBLE.

Oui, vous avouerez } bientôt
Oui, nous avouerons }
Qu'on a l'âme satisfaite, etc.

BEAUSOLEIL. Et madame... la fleur d'asperge... est disposée à vous aider dans votre entreprise? Elle civilisera aussi?

CHOU-CHOU (*baissant les yeux*). Oh! oui.

CARCASSOU. Et qu'elle en est bien capable.

CHOU-CHOU. Oh! oui. Quand j'habitais avec mon époux bien-aimé les rives du fleuve Jaune, j'ai déjà civilisé trois de ces beaux guerriers à jambes rouges que le ciel nous a envoyés...

MIEN TIEN-SIEN. Dans sa colère.

CHOU-CHOU (*soupirant*). Et si nous n'étions pas partis... (*Apercevant Vas-y-Donc qui vient d'entrer.*) Ciel! en voilà un!

MIEN-TIEN-SIEN. Où? (*Le voyant entrer.*) Oh!.. Ka-Ka-o-Li! (*Il se sauve dans un coin en entraînant Chou-Chou, et se cache derrière elle.*)

BEAUSOLEIL. Comment a-t-il dit ça?

CARCASSOU. C'est leur manière nationale de prononcer : Troun de l'air!

SCÈNE VI.

LES MÊMES, VAS-Y-DONC, MADELEINE, LORETTE, LA POULE, L'ÉVEILLÉ, PROMENEURS.

(Vas-y-donc se debat d'un air vainqueur, au milieu des femmes qui se l'arrachent).

LA POULE.

Air :

Regard' moi.

LORETTE.

Ecout' moi.

MADELEINE.

Il faut que son cœur me reste.

LA POULE.

Regard' moi!

LORETTE.

Ecout' moi!

MADELEINE.

Il faut qu'on suive ma loi.

VAS-Y-DONC.

Laissez-moi!
Laissez-moi!
Vous déchirez ma veste!
Laissez-moi!
Laissez-moi!
Je suis tout en désarroi...

REPRISE ENSEMBLE (*Vas-y-donc se dégage et descend.*)

VAS-Y-DONC. Ouf! On se m'arrache trop. V'là ce que c'est que d'être un grand vainqueur! (*Apercevant Chou-Chou*) Tiens, une de mes ex... — Ça va bien? (*Il l'embrasse.*) Moi aussi. (*A Mien-Tien-Sien.*) Excusez, mon petit père. Differemment... Salut, la compagnie! Heureusement que je n'a pas de pans; elle me les auraient arrachés, ces gaillardes-là.

Air : *J'en guette un petit de mon âge.*

Une veste au lieu d' ma tunique.
Moi, j'aime assez ce changement.

CARCASSOU.

Cette mesure économique
F'ra travailler l' tailleur du régiment.
Car nos troupiers, partis dans c' costum' leste,
Nous reviendront encore plus légers,
Vu qu' lorsqu'ils vont aux pays étrangers
Ils n' remportent pas souvent leur veste.

VAS-Y-DONC. Merci de l'opinion, bourgeois mais c'est commode tout de même pour courir, et j'ai eu besoin de ça, ces derniers temps.

BEAUSOLEIL. De courir?

VAS-Y-DONC. Mais oui. Différemment... v'là qu'un jour l'autorité militaire me dit comme ça : Vas-y-Donc... que c'est mon nom pour vous servir, Vas-y-Donc, qu'elle dit, — Allons-y, que je réponds.

Air :

Partant pour la Syrie,
J'allais, nouveau croisé,
Punir la Barbarie.
J'arrive... assez causé!
Le bandit sacrilége
A fui, disparaissant,
Comme au soleil la neige, } *bis.*
Comme la paille au vent. }

Reprise en chœur.

Le bandit sacrilége, etc.

BEAUSOLEIL. Ah! ça m'électrise; vous avez bien fait d'aller là.

VAS-Y-DONC. Et d'en revenir donc! Sans compter que j'en ai rapporté quelque chose.

CARCASSOU. Et de quoi?

VAS-Y-DONC. Cinq artistes dramatiques destinés à jouer les principaux rôles dans la pièce du Cirque... Avec des bosses sur le dos.

CARCASSOU. Ah! la pièce du Cirque, j'ai vu ça. Je me suis amusé... de mon voisin, qui, chaque fois que l'on changeait le décor, il disait que c'était une scierie mécanique.

BEAUSOLEIL. Ah bien! moi, ça m'a électrisé. Aussi, en sortant du théâtre, je suis entré au café, et, à moi tout seul, j'ai pris là six riz.

VAS-Y-DONC. Si vous vous êtes payé six riz, vous avez payé six rix au lait, mon gros. Eh! Vas-y donc! Pas vrai, mon ancienne? (*Il embrasse Chou Chou. A Mien-Tien-Sien.*) Excusez, mon petit père. (*Mien-Tien-Sien se recule avec effroi.*) Ah! je ne vous en veux pas, à vous. Vous vous êtes battu, je vous ai battu; n'y a pas d'affront. On peut s'embrasser. (*Mien-Tien-Sien lui tend les bras. Il passe dessous et embrasse Chou-Chou.*) Eh! Vas-y donc! Différemment... nous sommes tous Français.

SCÈNE VII.

LES MÊMES FANCHONNET.

FANCHONNET (*entrant joyeusement*). Je le crois bien, que nous sommes tous Français... et je m'en vante.

CARCASSOU. Té! il a l'air gai, ce petit.

FANCHONNET. Si je suis gai! mais tous les matins j'en danse avec ma marmotte.

Air : *Dansez, Canada.*

Dansez, Janneton,
Tutu, panpan,
Dansez, Janneton,
C'est ça qu'est bon!
Petite compagne,
Nous pourrons tous deux.
Loin de la montagne,
Vivre encore heureux.
En avant ta danse
Et mon gai babil,
Car pour nous l'absence
N'est plus un exil.

Reprise en chœur.

BEAUSOLEIL. J'aime cette gaieté, bien que j'en ignore le motif.

FANCHONNET. Mais vous ne savez donc rien, vieil arriéré?

BEAUSOLEIL. Je n'achète jamais de journaux.. pour lire, du moins.

FANCHONNET. Il n'y a pas besoin de papiers pour ça. Je le crie assez haut... sur les toits.

Air d'*Orphée* (*Quand j'étais roi de Béotie*).

Je suis français, vive la France!
Ça me rend le cœur tout gaillard.
Nul maintenant, en ma présence,
N'os'ra plus m'app'ler savoyard.
Dans les tuyaux où je m'élance,
Désormais comme je jouerai
De la raclette en conscience!
C'est mon pays que j' nettoierai.
Je suis français, vive la France!

CHOEUR.

Il est français, vive la France!
Vive, vive, vive la France!

FANCHONNET.

Je suis français, vive la France!
Quand j' r'gard'rai dorénavant
La colonn', j'aurai l'droit, quell' chance!
D'être fier en la regardant.
Si la patrie à sa défense
Appelle son noble étendard,
J'aurai ma part dans la vaillance,
Dans la gloire, j'aurai ma part.
Je suis français, vive la France!

CHOEUR.

Il est français, vive la France!
Vive, vive, vive la France!

BEAUSOLEIL. Ah. je suis par trop électrisé. j'ai envie de casser mon œuf pour entendre la trompette guerrière. (*On entend un grand mugissement.*) Oh! qu'est-ce que c'est que ça!

LE BOIS. N'aie pas peur. C'est un de mes habitants, le Chalet des Iles, qui annonce sa présence avec l'aérephon.

CARCASSOU. Je sais. Un orgue de Barbarie à vapeur, de la force de quarante-trois vaches qui beuglent. (*Nouveau mugissement. — Le Chalet entre.*)

SCÈNE VIII.

LES MÊMES, LE CHALET DES ILES.

LE CHALET (*s'avançant d'un air lugubre.*)

Air *connu.*

Quel désespoir,
Personne
Aux fêtes que je donne.
Quel désespoir.
Personne ne veut venir me voir.

CARCASSOU. En voilà un qui n'a pas l'air de s'amuser.

LE CHALET. Je ne m'amuse pas.

BEAUSOLEIL. Pourquoi?

LE CHALET. C'est mon affaire.

BEAUSOLEIL. Ah!

LE BOIS. Parce qu'il pleut.

LE CHALET. Et que, quand il ne pleut pas, c'est la même chose. Personne ne veut traverser mon lac, et j'ai pour tout profit le plaisir de voir la foule s'amasser sur le bord en face.

Air : *Le fleuve de la vie.*

Ell' dit que mon feu d'artifice
S' voit mieux du dehors que du d'dans;
Qu'on entend avec plus d' délice
De loin que de près mes instruments;
Ell' dit qu'elle craint le naufrage...
Et moi, je vous dis, entre nous,
Qu' c'est la peur de payer vingt sous.
Qui l'enchaîne au rivage.

Aussi, j'y renonce. Notre confrère du bois de Vincennes est venu m'apprendre qu'il ouvre un tir au fusil et un tir à l'arc. Je suis un descendant de Guillaume Tell; c'est mon affaire. Je vais tâcher de me rattrapper là.

BEAUSOLEIL. Tiens, c'est une idée. Y allons-nous, Carcassou?

CARCASSOU. Montons-y, Beausoleil.

LE CHALET. Ah, un instant. Il faut que je fasse comme les autres.

Air *de Margot.*

Châlet des Iles,
Dans mes asiles
Je vous appelle, ô joyeux promeneur...

(*Il se met à pleuvoir.*)

TOUS (*se sauvant*). Il pleut. Il pleut.

LE CHALET. Là. C'est fait pour moi. Je n'ai qu'à parler. Je vais tirer de l'arc.

BEAUSOLEIL. Si je cassais mon œuf pour amener le tir ici?... Non. Je prendrai l'omnibus.

CHOEUR.

Air : *Il pleut, il pleut, Bergère.*

Il pleut, il pleut à verse,

Il pleut, il pleut à seaux,
L'eau qui tombe transperce
Robes, habits, chapeaux.
Quand le ciel sur la terre.
Décharge son courroux,
Il faut fuir sa colère...
Sauvons-nous, sauvons-nous.

BEAUSOLEIL (*prenant son œuf*).

L'eau que le ciel nous jette
Gâte mon habit neuf,
Si j' faisais une omelette
Pour sauver mon Elbeuf?
De l'orage en furie
Moi, je viendrais à bout.
Bah! j'ai mon parapluie...
Ne cassons rien du tout.

Reprise en chœur.

(*Mouvement. — On court de tous côtés. — On ouvre des parapluies. — Tout le monde sort. — Le décor change.*)

TROISIÈME TABLEAU.

LE TIR NATIONAL

Le bois de Vincennes — A droite, l'entrée du tir, avec un tourniquet.

SCÈNE IX.

LE CONTROLEUR DU TIR, TIREURS, BOURGEOIS, MILITAIRES, GARDES NATIONAUX.

(*Le Contrôleur est à son poste, près du tourniquet. Les tireurs entrent en scène et se pressent autour de lui. Il les contient.*)

CHOEUR.

Air d'*Orphée*.

Ah. ah. ah. ah. ah. ah.
Le tir nous appelle;
Nous accourons et nous voilà.
Ah. ah. ah. ah. ah. ah.
Que c'est une belle
Invention que ce tir là...

LE CONTROLEUR (*venant en scène*). Patience, messieurs. On ne peut entrer qu'un à la fois. (*Continuant l'air.*)

Messieurs, pas de presse, la cible
Vous attend toujours dans le tir.
Douc'ment. Je ne suis pas sensible,
Je vous l' ferai voir et sentir.

(*Il retourne à son poste.*)

CHOEUR.

Ah. Ah. ah. etc.

1er TIREUR. Tiens, c'estvous, M. Coquenard?

2e TIREUR. Bonjour, M. Canichon. Vous voilà donc par ici ?

1er TIREUR. Oui. Ma femme aime la gloire, et elle m'a défendu de rentrer à la maison avant d'avoir remporté un prix. Aussi, j'ai hâte.

Même air.

Car je veux la rendre contente,
La pauvre enfant, j'en suis certain,
Doit être bien impatiente...
Elle est seule avec son cousin.

CHŒUR.

Ah. ah. ah. etc.

2e TIREUR. Moi, c'est autre chose. Figurez-vous que j'ai rencontré un polisson qui m'a donné un soufflet, et encore il m'a demandé ma carte.

Même air.

Il m'a, de son impolitesse,
D'mandé raison. Mais, c'est mon droit,
Avant d' lui montrer mon adresse,
J' veux savoir si j' suis adroit.

CHŒUR.

Ah. ah. ah., etc

(*Les tireurs entrent.*)

SCÈNE X.

LE CONTROLEUR, BEAUSOLEIL.

CARCASSOU. Ah ! c'est là.

BEAUSOLEIL. Entrons. Tiens... Encore un tourniquet.

CARCASSOU. Il semble qu,on ne peut plus se passer de ça, à présent.

Air : *Valse de la garde nationale.*

Tournez,
Tourniquets, et prenez
Dans vos bras alternés
La terre
Tout entière.
Comme un troupeau, numérotez,
Les passants arrêtés,
Moins contents que comptés.
Souvent
En y réfléchissant,
J'ai, de cet instrument,
Fort approuvé l'usage;
Car son etroit passage
Aux portes des enclos,
Parfois très-à-propos,
Laisse dehors les gros.
Au théâtre, où je prends ma stalle,
Je voudrais qu'un tourniquet
Retînt en dehors de la salle
Les voisins à ventre replet.
Du sot riche,
Qui s'affiche,
D'importance tout bouffi,
L'ironique
Mécanique
Saurait nous mettre à l'abri.
Vos crans,
Tourniquets obligeants,
Contrôlent les passants,
Qu'ils comptent
Et recomptent.
Pour moi quel bienfait ce serait,
Si le ciel m'avait fait
Cadeau d'un tourniquet.
Au guet,
L'instrument indiscret,
Empêchant qu'en secret
Rien n'entre et rien ne sorte,
Compterait à la porte
Ennemis empressés,
Ecus mal dépensés,
Amis intéressés.
Parfois de mon petit ménage
Je m'absente, non sans peur;
Alors surtout il serait sage
De mettre à la porte un compteur.
Je soupçonne
Que ma bonne

Au marché fait son paquet.
A son anse
Par prudence
Je voudrais un tourniquet.
Tournez
Tourniquets, et prenez, etc.

BEAUSOLEIL. Puisque vous aimez les tourniquets, entrons.

CARCASSOU. Jè ne ne les aime pas quand il faut payer.

BEAUSOLEIL. Dites plutôt que vous n'êtes pas bon tireur.

CARCASSOU. Puuuh... Té, une fois, à la chasse, j'ai tué mon chien à travers une haie, sans le voir. Jugez un peu, si je l'avais vu : Et vous, vous tirez bien?

BEAUSOLEIL. Je ne sais pas. Je n'ai jamais essayé. Je vais voir ça. (*Au contrôleur.*) Qu'est-ce que ça coûte ?

LE CONTROLEUR. Deux francs la balle à tirer. Moitié prix pour Messieurs les gardes nationaux.

CARCASSOU. Et les bonnes d'enfants.

BEAUSOLEIL. C'est sale. Ah! attendez. (*Prenant son œuf et le levant.*) Pour devenir garde national. (*Le rabaissant.*) Non, ça serait bête.

LE CONTROLEUR. C'est au plus beau coup. Avec une seule balle, vous pouvez gagner dix mille francs.

BEAUSOLEIL. Avec une seule?... Alors, donnez-m'en pour six mille balles.

CARCASSOU. Êtes-vous fou ?

BEAUSOLEIL. Laissez faire. Comme ça, je tirerai toujours tout seul. Et puis j'ai mon œuf. Je suis sûr de rentrer dans mes débourses.

Air : *du Pré aux Clercs.*

Oui, le fait ainsi pris
Est assez bien compris ;
Si je gagne le prix,
N'en soyez pas surpris.

Ensemble.

Oui, le fait ainsi pris
Est assez bien compris
Si je gagne / Mais s'il gagne — le prix.
N'en soyez pas / J'en serai bien — surpris.

(*Beausoleil sort.*)

SCÈNE XI.

CARCASSOU, LE CONTROLEUR, *puis* Mme COQUENARD.

CARCASSOU. Qu'est-ce que je vais faire tout seul ? Si je me racontais une histoire?... Non, je saurais que c'est une gausse.

LE CONTROLEUR (*repoussant madame Coquenard*). Non, madame, non. Je vous dis que les dames n'entrent pas.

CARCASSOU (*à part*). Té, une forte femme.

Mme COQUENARD. Et moi, je vous dis que mon mari est là... et que j'entrerai.

LE CONTROLEUR. Prenez garde. Je vais l'appeler.

Mme COQUENARD. Qui, mon mari? (*Madame Coquenard s'éloigne.*)

LE CONTROLEUR. Non, la garde.

CARCASSOU (*s'approchant d'elle*). Essayons voir.

Mme COQUENARD. (*Carcassou lui prend la taille. Elle se retourne et lui donne un soufflet.*) Ga'o in.

CARCASSOU. Touché.

Mme COQUENARD. Ah. ça soulage. Excusez. Monsieur. Ça n'en valait pas la peine, mais vous passez dans un mauvais moment. Je suis exaspérée. Refuser de laisser entrer les femmes dans un endroit où on admet les hommes.

Air : *Restez, restez, troupe jolie.*

Qui vous vaut cette préférence?
Est-ce cet affreux vêtement,
Qu' vous montrez avec complaisance.
Et qui prouve si bien pourtant
Que l' sexe faible est l' plus puissant?
Lequel est le plus difficile?
Je le demande avec raison...
Est-ce de le porter en ville
Ou de le porter à la maison?

CARCASSOU. Ah. madame, ça vous irait bien partout.

Mme COQUENARD (*avec fierté*). Mais... Et c'est ce qu'on verra. Il y a un petit projet sous jeu. (*Se tournant vers l'entrée.*) Vous en voulez? on vous en donnera, des... (*A Carcassou.*) Ne dites rien, surtout.

CARCASSOU. N'ayez crainte.

Mme COQUENARD.

Air : *du Moujick* (*Lindheim*).

Ah! ah!
On verra,
Nous qu'on traite de la sorte.
Ah! ah!
On verra.
Si nous n'entrerons pas là.
Puisqu'on sait c' qu'il faut
Afin de franchir cette porte,
On l'aura bientôt...
Et vous, silence, pas un mot.

Ensemble.

Mme COQUENARD.

Ah! ah!
On verra... etc.

CARCASSOU.

Ah! ah!
On verra.
Vous qu'on traite de la sorte,
Ah! ah!
On verra,
Si vous n'entrerez pas là.

(*Madame Coquenard sort à gauche, en faisant signe à Carcassou de se taire.*)

SCÈNE XII.

CARCASSOU, *puis* LE CHALET DES ILES.

CARCASSOU. Certes, que je ne dirai rien. Que dirais-je ?

LE CHALET (*sortant du tir, une arbalète à la main*). C'est une indignité. Quel tir tyran!

CARCASSOU. A qui en a-t-il, celui-là?

LE CHALET. Comprenez-vous ça, monsieur ?

CARCASSOU. Parbleu. Je comprends tout... Quoi?

LE CHALET. On a écrit là : Tir national, et on ne veut pas que je tire à la manière de mon pays.

CARCASSOU. Pourquoi ça?

LE CHALET. Je ne sais pas. Tirez-vous de l'arc, vous?

CARCASSOU. Belle question. Comme qui l'a inventé.

LE CHALET. Voulez-vous essayer notre adresse ?

CARCASSOU. Je veux bien. Où est le but?

LE CHALET. C'est inutile. Mettez-vous là. (*Il l'adosse à un arbre.*) Attendez et ne bougez pas.

CARCASSOU. Qu'est-ce qu'il fait donc?

LE CHALET (*tirant une pomme de sa poche et la lui posant sur la tête.*) Voilà ce que c'est. (*Il s'éloigne à l'autre bout, et s'arrête en face de lui.*) Ne bougez pas surtout. (*Il le vise avec son arbalète.*)

CARCASSOU. Eh! un instant, là-bas. Pas de bêtises.

LE CHALET. Ne remuez donc pas, vous allez faire tomber la pomme.

CARCASSOU. Quelle pomme? (*Il secoue la tête, la pomme roule à terre.*) Ah. Pécaïre! Je saisis son idée.

LE CHALET (*ramassant la pomme*). Remettez donc ça et restez tranquille.

Air : *Faut d'la vertu.*

Car je veux, comme Guillaum' Tell, } (*Bis*).
Gagner un renom immortel. }

CARCASSOU.

Mais moi je n'aime pas la gloire,
Et j' vois que dans ce drame ancien,
L'acteur dont on garde mémoire,
C'est celui qui ne risquait rien.
Je me fiche de Guillaume Tell
Et de son renom immortel.

Reprise ensemble.

Oui je veux, etc. — Je me fiche, etc.

LE CHALET. Tenez-vous tranquille, ou je vous tire au vol.

CARCASSOU. Et moi je crie.. Au secours! Ah, voilà du monde.

SCÈNE XIII.

Les mêmes, NIGAUDINOS, LAZARILLE.

NIGAUDINOS. On crie au secours. Il y a du danger. Passe devant, Lazarille.

CARCASSOU. Té! Seigneur Nigaudinos, que vous arrivez à propos. Tirez-moi votre pied de mouton et changez-moi ce suisse en fromage.

NIGAUDINOS. Ah, mon pauvre ami, c'est qu'il est bien moisi, mon pied, depuis le temps qu'il sert. Demandez plutôt à Lazarille. (*Il voit que Lazarille dort tout debout, et il lui allonge un coup de pied.*)

LAZARILLE (*se réveillant en sursaut.* Hein? Oui, monsieur. Vous avez raison.

CARCASSOU. On vous l'a pourtant remis à neuf.

NIGAUDINOS. Il a bien fallu. Il paraît qu'à présent les auteurs ne sont pas des fées, et que put ce qu'ils peuvent faire, c'est de retaper ton vieux talismans. Avec beaucoup de couleur, ça a encore bonne mine. Mais si vous regardiez dessous ..

CARCASSOU. Bah, les belles robes, ça attire les serins mieux que les belles femmes.

NIGAUDINOS. Ah, ce ne sont les femmes qui manquent dans ma pièce. Sapristi. Il y en a à tenter les gens les moins impressionnables.

Air des *Deux Gendarmes* (*Nadaud*).

Les danseuses les plus ingambes
Y montrent plus que du jarret.
Chaque fée y montre ses jambes.
Au milieu d'elles, on dirait,
A me voir avec ce bon drille,
Saint Antoine et son compagnon.
D'mandez plutôt à Lazarille.

(*Il donne un coup de pied à Lazarille qui dort.*)

LAZARILLE (*se réveillant.*)

Hein? Monsieur, vous avez raison.

NIGAUDINOS. Malheureusement, je suis bien inquiet pour ma recette de ce soir. Figurez-vous que, pour s'introduire là, des dames m'ont chippé les costumes de riflewomen.

LAZARILLE. Ah, monsieur, comme vous dites bien ce mot là. Je n'ai jamais pu le dire, moi... Renifle...

NIGAUDINOS. De sorte que je ne sais pas comment mes Anglaises feront pour danser ce soir.

LAZARILLE. C'est pas difficile. Elles feront comme les autres. Elles danseront sans être habillées.

CARCASSOU. Té, j'irai.

NIGAUDINOS. Lazarille, on ne vous demandait pas ça. — Du bruit. — Seraient-ce mes voleuses?

SCENE XIV.

Les mêmes, BEAUSOLEIL, Tireurs (*portant Beausoleil en triomphe.*)

CHOEUR.

Air : *du Violoneux.*

Dans ce tournoi de coup-d'œil et d'adresse,
Il a gagné, gagné le prix d'honneur.
Il faut ici célébrer sa prouesse
Et couronner la tête du vainqueur.

CARCASSOU. Té, vous vous l'êtes gagné.

BEAUSOLEIL. Du premier coup. Pan, dans le noir. Il paraît que, décidément, j'étais très-fort. (*Appel de trompette.*)

LAZARILLE. Ah. Cette fois, Monsieur, les voici.

CARCASSOU. Trop de dinse.

SCÈNE XV.

Entrée des RIFLEMEN.

Ballet.

ACTE III.

QUATRIÈME TABLEAU.

LA FOIRE DE SAINT-CLOUD

A droite l'entrée d'une baraque de saltimbanques, avec tréteaux et tableaux. — A gauche, l'entrée d'une tente, sur laquelle est écrit : Atelier de Photographie. — Fond de campagne.

SCÈNE I.

TORTICOL, CARLOTTA, ESMERALDA (*sur l'estrade à droite*), LE PHOTOGRAPHE (*monté sur une chaise devant la tente à gauche*), PROMENEURS.

(*Tapage. Musique des saltimbanques.*)

LE PHOTOGRAPHE. Entrez, entrez, Messieurs, Mesdames.

TORTICOL. Suivez, suivez le monde.

CHOEUR.

Air : *Savez-vous la nouvelle.*

Quels cris et quel tapage, (*bis*)
Comment, en même temps,
Voir tous ces spectacles charmants?
Quand chacun nous engage (*bis*).
Lequel a le plus d'agrement?
Ah ah, quels spectacles charmants.

LE PHOTOGRAPHE. Par ici. Messieurs, par ici. Faites tirer vos portraits. Ressemblance garantie. Dix sous pour les mères de famille. Cinq sous pour les demoiselles... garantie.

TORTICOL. Entrez, entrez. Vous verrez la célèbre exposition animalcole et légumicole, offerte à la curiosité publique par la famille Torticol. Vous n'avez rien vu de pareil au palais de l'Industrie. Il faut venir à Saint-Cloud pour voir çà. En avant la musique. (*Il joue de la trompette, Carlotta de la clarinette, Esmeralda de la grosse caisse.*) Attention. La naissance de Janot, tragédie en couplets.

CARLOTTA.

Air des *Fils de Cadet-Roussel.*

Un jour que Gros-Jean l'en pria } (*bis en chœur*).
Jeannette, à la cav' s'en alla. }
Son cousin p'tit Jean, qu'était là,
Par complaisanc' l'accompagna.
Tra la la la la la la la la } (*bis en chœur*.
Tra la la la la la la la la }

TORTICOL. Suivez, suivez le monde. On vous chantera les trente-neuf autres couplets dans l'intérieur.

LE PHOTOGRAPHE. Entrez, Messieurs, Mesdames.

SCÈNE II.

LES MÊMES, BEAUSOLEIL, CARCASSOU (*entrant chacun d'un côté et se heurtant*).

BEAUSOLEIL. Imbécille.

CARCASSOU. Idiot.

BEAUSOLEIL. Tiens, c'est vous.

CARCASSOU. Oui. Je me cherche un endroit tranquille et solitaire.

BEAUSOLEIL. On ne tient pas ça à la foire de Saint-Cloud. (*Heurté par Cœur-Volant, qui entre.*) Allons, bon, prenez donc garde.

SCÈNE III.

LES MÊMES, CŒUR-VOLANT.

COEUR-VOLANT. Ne vous excusez pas, vous ne m'avez pas fait de mal. (*Il dresse une table d'escamoteur.*)

LE PHOTOGRAPHE. Entrez, entrez.

TORTICOL. Ne vous arrêtez pas aux bagatelles de la porte.

COEUR-VOLANT. Allez-vous-en. Allez-vous-en tous. Voici mon maître, l'illustre Beaujolais, qui arrive, et il ne veut, autour de lui, que des gens d'esprit. Il change tous les autres en orang-outangs.

TOUS. Ah, l'escamoteur.

TORTICOL. Le diable l'emporte, celui-là.

COEUR-VOLANT. Gare là-dessous. Il arrive, il arrive.

SCÈNE IV.

LES MÊMES, BEAUJOLAIS.

BEAUJOLAIS. He bien. Que faites-vous là, monsieur Cœur-Volant?

COEUR-VOLANT. Monsieur, je renvoyais tous ces badauds.

BEAUJOLAIS. Et pourquoi, animal? Excusez-le, Messieurs, c'est un défaut de naissance. Où êtes-vous né, monsieur Cœur-Volant.

COEUR-VOLANT. Monsieur, maman m'a toujours dit qu'elle m'a trouvé dans un potiron.

BEAUJOLAIS (*au public*). Vous voyez. (*A Cœur-Volant, en lui donnant un coup de pied.*) Taisez-vous, et ne dites rien. — Tenez, messieurs. Vous n'avez point affaire ici à un histrion vulgaire, mais à un artiste sérieux, si sérieux qu'on m'a surnommé l'escamoteur de la Gaîte. (*A Beausoleil.*) Prêtez moi votre montre.

BEAUSOLEIL. Pourquoi faire.

CARCASSOU. Prêtez-donc... puisqu'il en a besoin. (*Beausoleil donne sa montre*).

BEAUJOLAIS. Merci. (*Jouant des gobelets.*) Je ne vous ferai pas l'injure de me livrer devant vous à des muscades indignes de fixer votre attention. Tenez, Messieurs... je vais choisir parmi vous la personne la moins susceptible d'être soupçonnée d'intelligence. (*Désignant Beausoleil.*) Monsieur, par exemple.

BEAUSOLEIL. Moi?

BEAUJOLAIS. Savez-vous l'heure?

BEAUSOLEIL. Puisque vous avez ma montre.

BEAUJOLAIS. C'est exprès. Etes-vous musicien ? chantez un peu.

BEAUSOLEIL (*chantant faux*).

Rachel, quand du Seigneur.

BEAUJOLAIS. Très-bien. Ainsi, Monsieur ignore absolument l'heure qu'il est, et sait la musique comme un âne affligé d'un rhume. He bien, d'un coup de cette baguette, je vais changer Monsieur en horloge à musique (*Il prend une clef et fait le geste de monter une pendule*). Tenez, Messieurs. Le tour en vaut la peine.

(*Beausoleil ouvre la bouche. Le piano joue la* PENDULE A MUSIQUE *de Prudent*).

TOUS. Bravo. Bravo.

CARCASSOU. C'est extraordinaire.

BEAUJOLAIS. Monsieur est réglé pour un an. Il sonnera ainsi toutes les heures, et même les demies.

CARCASSOU. Té. Je le mettrai sur ma cheminée.

BEAUJOLAIS. Tenez, Messieurs, ceci n'est rien encore. Grâce à ma science, je pourrais désigner au premier coup-d'œil le mari le plus... malheureux de la société.

UNE DES SPECTATRICES (*à son mari*). Allons-nous-en, Lanturlu.

BEAUJOLAIS. Mieux encore. Tenez, Messieurs... Que celui qui veut bien m'honorer de sa confiance prenne au hasard une carte, une simple carte dans ce jeu de piquet, et je vous dirai si vous êtes civil ou militaire, si vous tirerez un bon numero à la conscription, si vous êtes domestique, employé ou sans place... (*Il fait le tour du cercle; se trouvant en face de Carcassou*) Ah. Ma fille... (*à Beausoleil*). Voulez-vous bien la lâcher, vous.

CARCASSOU. A qui en a-t-il? (*Beaujolais, qui l'avait saisi, le lache et s'éloigne*).

BEAUJOLAIS. Ce n'est pas elle... ma fille...

COEUR-VOLANT. Ne faites pas attention. C'est sa tocade qui le prend. Il a vu jouer *Marie-Jeanne*, le *Médecin des enfants*, la *Tireuse de cartes*, et depuis ce temps-là, il croit qu'il a une fille, et qu'on la lui a escamotée.

BEAUJOLAIS (*s'enfuyant*). Ma fille, ma fille! (*Il sort et Cœur-Volant après lui, emportant la table*).

CARCASSOU. C'est très-drôle.

BEAUSOLEIL. Oui. Mais il emporte ma montre.

CHOEUR.

Air : *du Banquet des Barbettes.*

Au diable ses cartes menteuses.
Par bonheur, nous n'sommes pas au bout.
Pour voir des choses curieuses,
Il faut v'nir, il faut v'nir à Saint-Cloud.

SCÈNE V.

LES MÊMES, *moins* BEAUJOLAIS *et* CŒUR-VOLANT.

TORTICOL. Il est parti. A nous. Entrez, entrez. Suivez le monde.

LE PHOTOGRAPHE. Ressemblance garantie. Entrez, entrez.

Reprise du chœur.

(*Les promeneurs entrent dans les deux baraques*).

SCENE VI.

CARCASSOU, BEAUSOLEIL, *puis* LA PHOTOGRAPHIE, ESMERALDA.

BEAUSOLEIL. Nous n'entrons pas un peu?

CARCASSOU. Merci. Te. Je suis entré déjà dans une baraque semblable, et ça me demange... (*Il se gratte*) .. de prendre l'air...

ESMERALDA (*descendant de l'estrade*). On ne peut donc pas vous séduire?

LA PHOTOGRAPHIE (*sortant de la tente*). Il n'y a donc pas moyen de vous charmer?

TOUTES DEUX (*ensemble*). — Entrez là; vous ne vous en repentirez pas. — Venez donc; vous n'en serez pas fâchés.

Air : *Donnez-moi votr' pratique* (*Porcherons*).

Donnez-moi votr' pratique,
Je vous promets de l'agrément,
Si vous entrez dans ma boutique.
Donnez-moi votr' pratique,
Vous vous en trouverez vraiment
Très-satisfait et très-content
Essayez seulement;
Pour le peu que ça coûte,
Le risque n'est pas grand,
Et celui qui m'écoute
En a pour son argent. } (*bis*).

CARCASSOU. Mais laissez-moi donc tranquille. Vous allez craquer mon habit.

BEAUSOLEIL. Parlez donc l'une après l'autre. (*à la Photographie*.) Voyons. Vous d'abord.

CARCASSOU. Qu'est-ce que vous vendez?

LA PHOTOGRAPHIE. Je suis la Photographie. Je vends des portraits.

BEAUSOLEIL. Des portraits de qui?

LA PHOTOGRAPHIE. De vous, de Monsieur; de tous ceux que je peux faire poser.

Air : *des Reines de Mabille.*

Grâce à mon art nouveau,
Chacun peut, laid ou beau,
Se payer l'agrément
De posséder son portrait ressemblant.
Et quand je parle ici de ressemblance
Ce n'est pas celle où les pinceaux flatteurs
Exerçaient trop leur lâche complaisance.
Avec moi, pas d'arrangements menteurs,
Mon fidèle objectif
Vous saisit là, tout vif.
Vous êtes laid: c'est bien;
Tant pis pour vous. Je n'ôte et ne mets rien.

BEAUSOLEIL.

Oui, même un jour, je posais; — une mouche
Me harcelait dans son vol obstiné,
On me donna mon portrait sans retouche,
Avec un' mouche au beau milieu du nez.

LA PHOTOGRAPHIE.

Aux regards du prochain,
Vous devenez soudain
Une célébrité;
Chez les marchands, vous êtes acheté.

CARCASSOU.

Et, ce n'est pas un plaisir des plus minces,
En figurant dans ce grand pot-pourri,
De se carrer pêl'-mêle avec des princes
Et des acteurs du Petit-Lazary.

LA PHOTOGRAPHIE.

Ce n'est pas tout vraiment.
L'usage, maintenant,
Veut qu'aux gens qu'on connaît,
Au lieu de carte, on offre son portrait,
Voyez quel droit charmant cela vous donne.
Si vous brûlez pour un objet nouveau,
Sans exciter les soupçons de personne,
De votre imag' vous lui ferez cadeau.

BEAUSOLEIL.

Cela ne me plaît pas
Il faudrait, en ce cas,
Chaqu'fois qu'on laisserait
Sa carte, faire un' corne à son portrait.

CARCASSOU.

Té. J'aim' ça, moi. Ma femm' f'ra mes visites.
Quand au-dessus de mon front bien connu,
Elle aura mis la marque que vous dites,

On croira bien qu' c'est moi qui suis venu.

ENSEMBLE.

Grâce à mon/son art nouveau etc.

BEAUSOLEIL. Hé bien. Nous verrons plus tard. Pour le moment, écoutons Madame, Madame ?...

ESMÉRALDA. Mlle Esméralda Torticol, une des directrices de cet établissement tenu par la famille dont j'ai l'honneur de faire partie. Demandez. Faites-vous servir. Les machines vous plaisent-elles ?

CARCASSOU. Puuh.

ESMÉRALDA. Je puis vous montrer un moulin à vapeur, un pressoir à vapeur...

BEAUSOLEIL. Il n'y a pas de presse.

ESMÉRALDA. Une batteuse... Ah. une batteuse à vapeur.

BEAUSOLEIL. Merci.

Air : *Qu'il est flatteur d'épouser celle.*

Cet objet dont je n'ai que faire
Depuis très-longtemps m'est connu ;
Car ma femme a la main légère,
Et je crois m'en être aperçu.
Elle prétend, dans ses colères,
Qu'elle a ses vapeurs, et j'ai peur
De savoir, grâce à ses manières,
C'que c'est qu'un' batteuse à vapeur.

ESMÉRALDA. Aimez-vous mieux examiner les perfectionnements que j'ai fait subir aux races animales? J'ai obtenu de merveilleux résultats. Madame le sait, elle qui a brigué l'honneur de daguérréotyper les plus remarquables.

LA PHOTOGRAPHIE. En effet... je me souviens que j'ai fait poser une boule de graisse, avec une queue en trompette.

BEAUSOLEIL. Qu'est-ce que çà pouvait bien être?

CARCASSOU. Comment, vous ne devinez pas?

BEAUSOLEIL. Non. (*Carcassou lui dit un mot à l'oreille.*) Ah!...

CARCASSOU. Sauf votre respect.

ESMÉRALDA. Je ne vous montrerai pas ces prodigieux quadrupèdes, bien qu'ils aient obtenu l'approbation des dames les plus distinguées. Je préfère vous faire voir un échantillon d'une race trop négligée par les expositions rivales de la nôtre. Paraissez, M. Toto.

BEAUSOLEIL. Oh, le bel enfant!

SCÈNE VII.

LES MÊMES, TORTICOL (*en enfant*), BEAUSOLEIL.

TORTICOL.

Air : *La bonne aventure.*

Je suis un petit nenfant
De bonne nature.
J'aime papa et maman
Et la confiture.
Quoiqu' je ne sois pas encor grand,
Chacun dit, en me voyant :
La bell' créature,
O gué.
La bell' créature.

CARCASSOU. Voilà un bébé hors ligne.

BEAUSOLEIL. Quel âge a-t-il?

TORTICOL. Quatre ans aux prunes, monsieur. Et toi.

CARCASSOU. (*Désignant une médaille placée sur la poitrine de l'enfant.*) Que nous n'avons donc été bien sage, que nous n'avons déjà la croix?

TORTICOL. Je n'ai pas été sage ; j'ai été gros J'ai n'eu le premier prix de grosseur, là... Et puis, si tu touches à ma médaille, toi, je vas te dire des sottises, grand serin.

BEAUSOLEIL. Il n'est pas poli.

ESMÉRALDA. On ne lui a pas appris. On lui a appris à peser 150 kilos : il les pèse.

TORTICOL. Ils m'embêtent, ces gens-là, je veux m'en aller.

ESMÉRALDA. (*Sévèrement.*) Hé bien, Monsieur. — Allez-vous-en, mais gentiment. Envoyez un baiser... là...

Air : *Ah le bel oiseau, maman.*

Ah, le bel enfant vraiment.
Qu'il est aimable
Admirable.
Ah, le bel enfant vraiment.
Qu'il est gros et qu'il est grand !

(*Torticol sort.*)

SCÈNE VIII.

CARCASSOU, BEAUSOLEIL, LA PHOTOGRAPHIE, ESMERALDA, *puis* CARLOTTA.

ESMERALDA. Voilà pour le genre animal. Maintenant, aimez-vous les fruits, les légumes?

CARCASSOU. Pas cette année.

ESMERALDA. Voulez-vous voir ce que vous n'avez jamais vu, même dans la glace.

BEAUSOLEIL. Quoi donc?

ESMERALDA. Un melon plus gros que vous.

CARCASSOU. Pas possible.

ESMERALDA. (*Voyant entrer Carlotta, en carotte.*) Ah, tenez, voilà un de mes produits les plus utiles.

BEAUSOLEIL. Mais c'est une carotte.

CARLOTTA. Et une carotte perfectionnée.

Air des *Cocasseries de la danse.*

Oui, la carotte,
Déjà vieillotte,
Avait besoin de se régénérer.
Mais la carotte
N'est pas si sotte,
Et la voilà prête à se remontrer.
On m'exploitait dans des sols difficiles,
Chez la faiblesse, ou bien chez la bonté ;
Mais, j'ai trouvé des terrains plus fertiles ;
J'ai la sottise et j'ai la vanité.
Père, oncle ou tante,
Mère indulgente,
C'était à vous, jadis, qu'on demandait,
Pour que ma plante
Poussât contente,
L'engrais fécond et l'eau qui m'arrosait.
Mais à présent, on me voit, plus savante,
Prendre le don qu'on pourrait refuser,
Et c'est à qui, sans honte l'on s'en vante,
Du bien d'autrui sait le mieux m'engraisser.
A l'amant même
Celle qu'il aime,
Pour me nourrir, s'adresse chaque jour.
Mon vert feuillage
Qu'on encourage
Couvre la terre où fleurissait l'amour.
Les malheureux, martyrs du tripotage,
Réfléchissant sur leur sort maladroit,
N'ont qu'à chercher au fond de leur potage :
Je suis toujours dans les bouillons qu'on boit.
Oui la carotte, etc.

Reprise en chœur.

CARCASSOU. (*A Esméralda.*) Et c'est vous qui avez tiré cette carotte de son obscurité.

ESMERALDA. Et je m'en vante.

BEAUSOLEIL. Il n'y a pas de quoi. (*Bruit dans la tente.*)

CARCASSOU. (*A la Photographie.*) Té... On se tue chez vous.

SCÈNE IX.

LES MÊMES, CHICOT (*suivi de plusieurs poseurs*).

CHICOT. (*Sortant violemment de la tente, en brandissant son bâton.*) Ah, ventre de biche!

Air : *Bacchanal.*

Quoi ! me traiter de la sorte.
Quoi, me flanquer à la porte.
Ah.
On verra,
On verra
Si ça peut s' passer comme çà,
Vous aurez, et chaud, chaud.
Affaire à Chicot.

LA PHOTOGRAPHIE. C'est Chicot le bâtoniste.

BEAUSOLEIL. Chicot. Il a du chic.

LA PHOTOGRAPHIE. Oui, mais il n'est jamais content.

CHICOT. Taisez-vous. Ah, on me met dehors. Mais je m'appelle Chicot; ça veut dire: reste dedans. Tas de marouffles. Ils ne savent donc pas que, dans la dame de Montsoreau, j'en tue dix-huit, dont trois mannequins. Ce n'est donc pas assez? Une autre fois, j'en tuerai davantage.

BEAUSOLEIL. Mais...

CHICOT. Ne parlez pas. Si c'est drôle, ce que vous allez dire, je le dirai à votre place. Si ce n'est pas drôle, ce n'est pas la peine.

LA PHOTOGRAPHIE. Enfin, de quoi vous plaignez-vous?

CHICOT. Ventre de biche. On me fait mon portrait et on prétend l'exposer pêle-mêle... dans le tas... Je veux être tout seul, au-dessus des autres... non... sur les autres, par-devant. Ventre de biche. On ne me connait pas.

CARCASSOU. Oh. si. — De dos, surtout.

ENSEMBLE. (*Reprise*).

Quoi! Le traiter de la sorte, etc.

(*Chicot sort, au fond, à gauche.*)

SCÈNE X.

LES MÊMES, *moins* CHICOT, *puis* LÉOPARD.

CARCASSOU. J'aime bien ce monsieur-là, moi. Parce que, quand les autres acteurs sont mauvais, il n'y a pas moyen de s'en apercevoir. — Il parle toujours.

LÉOPARD. (*Sortant de la tente à reculons*). Mais laissez-moi donc, mesdames. Bonsoir.

ESMERALDA. Oh, qu'il est beau.

LEOPARD. Encore des fâmes.

CARLOTTA. Il est superbe, magnifique.

LEOPARD. On ne peut donc pas avoir la paix ? (*Les trois femmes l'entourent*).

LA PHOTOGRAPHIE.

Air : *Qu'il est beau, c' monsieur Nicolas.*

Autour de lui comme on s'empresse,
C'est à qui pourra par hasard
Obtenir un mot de tendresse,
Un service, un simple regard.
A cette toilette legère.
Aucun cœur n'est indifférent.

ESMERALDA.

S'il pouvait se montrer galant...

CARLOTTA.

Si l'on avait l'heur' de lui plaire,
Comme on serait fière.

LA PHOTOGRAPHIE.

On n'entend partout qu'un seul mot:
Qu'il est beau, c' monsieur en maillot.

Les quatre femmes (*avec admiration*).

Qu'il est beau (*ter*) c' monsieur en maillot.
Oh, oh, oh, oh, oh.
Qu'il est beau, ce monsieur en maillot !

LÉOPARD. Mais fichtre. Laissez-moi donc.

CARCASSOU. Té. Voilà un heureux drôle.

LEOPARD. Oui. Parlons-en.

LA PHOTOGRAPHIE. C'est un de mes meilleurs clients. Je vends par jour des centaines de Leopard. Ça s'enlève à la force du poignet.

BEAUSOLEIL. Léopard. Je connais... un faiseur de tours.

LEOPARD. De tours en cheveux, pour les dames .. Oui, monsieur.

BEAUSOLEIL. Je confondais. En ce cas, je ne m'explique pas ce costume.

CARCASSOU. Je n'avais jamais vu de coiffeur habillé comme ça.

LEOPARD. Ah. Voilà. C'est une idée de ma femme. Un jour, malheureusement, elle est allée au cirque. Elle a vu là quelque chose qui l'a tellement ravie, qu'elle m'a forcé à prendre cette tenue, et m'a défendu de la quitter.

Air :

Chez elle une rage ;
Ça n'a pas de bon sens,
Sa raison déménage
Et la mienn' en mêm' temps
Au diabl' son exigence.
Je sens que j'vais bientôt
Retomber en enfance
Si l'on me condamne au maillot. } (*bis*).

BEAUSOLEIL. Pauvre garçon.

CARCASSOU. Il faut être un homme, bagasse. Montrez-vous.

LEOPARD. Je ne fais que ça. J'ai voulu résister. Nous avons plaidé, et elle gagné son procès. J'ai été condamné à lui payer une forte somme chaque fois que je me ferais voir en bourgeois.

BEAUSOLEIL. Mais la malheureuse ne sait donc pas que les porte-maillot, c'est exposé à voir des cavalcades.

LEOPARD. A qui le dites-vous ? J'en maigris, monsieur; lisez mes mémoires, vous verrez s'il n'y a pas de quoi.

BEAUSOLEIL. Vos mémoires.

LEOPARD. Il fallait bien apprendre au monde que j'ai été reçu bachelier.

CARCASSOU Parbleu. Pour faire des tours; ça n'est pas de trop.

LEOPARD. Pour en revenir à ma position personnelle; mon malheur m'a servi à résoudre un problème. Avez-vous vu jouer ce qui plait aux femmes?

CARCASSOU. Oui. Trop de dinse.

BEAUSOLEIL. C'est vrai, on s'attendait à voir une tragédie, on voyait un ballet, ça paraissait drôle.

LEOPARD. Eh bien, monsieur, ce qui plaît aux femmes, je le sais maintenant. C'est moi.

Reprise en chœur.

(*Léopard sort.*)

BEAUSOLEIL. Je suis content de le savoir. j'apprendrais volontiers ce qui plaît aux hommes.

SCÈNE XI.

LES MÊMES, L'AMOUR, LE JEU, LA TRAGÉDIE.

LE JEU (*entrant à droite*). C'est moi.
L'AMOUR (*entrant à gauche*). C'est moi.
LA TRAGÉDIE (*entrant au fond*). C'est moi.

Air : *Valse de Camille.*

Moi, j'ai pour plaire au monde
Des secrets merveilleux.
Je parle, voix féconde,
A l'âme, au cœur, aux yeux.
Quand on me congédie,
Sans cesse je reviens,
Je suis la tragédie...
C'est moi qu'on aime bien.

BEAUSOLEIL. Oh. oui. Aller à l'Odéon, et puis mourir.

L'AMOUR.

Air : *des Charmeurs.*

Qui que tu sois, ô vivant,
A genoux. Voici ton maître,
S'il ne l'est pas maintenant,
Il le fut ou le doit être.
Dès qu'on sent battre son cœur,
C'est à moi que l'on s'adresse ;
Quand vient l'âge raisonneur,
C'est chez moi que la vieillesse
Cherche son dernier bonheur.
Sur cette terre
Je fais la nuit et le jour.
Ce qui doit plaire
C'est l'Amour. Oui, c'est l'Amour.

(Beausoleil et Carcassou se regardent d'un air interrogatif et secouent la tete.)

CARCASSOU. Hein ?
BEAUSOLEIL. Peuh.
CARCASSOU. Ce vieux gamin, il radote un peu.

LE JEU.

Air : *Pastourelle de la Filleule des Fées (Musard.)*

Voici votre Dieu.
Ce joyeux son qui vous appelle,
C'est l'or qui ruisselle.
Adorez-moi. Je suis le Jeu.
Près de la table où ma carte s'étale
Rassemblez-vous, tristes, l'œil inquiet.
Livrez combat à la chance fatale
Du baccarat ou bien du lansquenet.
Jouez, jouez. Le gain qui vous caresse,
C'est la richesse
Et c'est ce qui vous plaît.
Voici votre Dieu, etc.

Vous reviendrez au matin, pâles, graves,
Riches d'un or à vos amis soustrait,
Ou ruinés vous-mêmes, et comme épaves,
Avec la rage, emportant le regret.
Mais vous avez, à travers la souffrance,
Vu l'espérance,
Et c'est ce qui vous plaît.
Voici votre Dieu, etc.

BEAUSOLEIL. Ah. Il me tente. Encore un peu et je me porte à des excès. Carcassou?
CARCASSOU. Beausoleil.
BEAUSOLEIL. A nous deux, là. Un joli bézigue.
CARCASSOU. Té. Si j'étais sûr de gagner.
LE JEU. Vous voyez. Ce qui plaît aux hommes, c'est moi.

SCÈNE XII.

LES MÊMES, NINON-NICHETTE.

NINON-NICHETTE. L'art, belle bêtise. L'amour, belle affaire. Le jeu, beau plaisir. Parlez-moi de ça.

Air : *de Maugeant. (Tant va l'Autriche à l'eau.)*

Eh. allez donc.
Sautez donc.
Dansez donc.
Vive la gambade,
Et la rigolade.
Eh. allez donc.
Dansez donc,
Sautez donc.
En avant le rigodon.
Sautez donc.
Dansez donc.
Je m'appelle Ninon-Ninette,
A ne parler que de moi
La renommée us' sa trompette...
On n' saura jamais pourquoi.

Ensemble.

Eh. allez donc. etc.

BEAUSOLEIL. Bon. Mais je suppose que vous avez une position sociale?
CARCASSOU. Pourvu que ce ne se soit pas un bas bleu.
NINON-NICHETTE. N'y a pas de risque. — On peut être légère sans être une femme de plume. Et quant à moi, pour ce qui est de l'orthographe, — flûte.
CARCASSOU. A la bonne heure, vous êtes donc?
NINON NICHETTE. Cavalier seul... Voilà ma profession.
CARCASSOU. Et quoi plus ?
BEAUSOLEIL. C'est un etat de demoiselles, ça ?
NINON NICHETTE. Je crois bien que c'en est un.

Air *de Maugeant — (Fou-yo-po.)*

Oui jadis, } *(bis.)*
Mes amis, }
Quand on jouait la pastourelle,
Le danseur fièr'ment
Allait en avant.
A présent la mode nouvelle
Appelle, non sans raisons,
A ces nobles fonctions
La timide jouvencelle.
Il faut voir, quand vient mon tour,
Comme en avant je m'élance,
Et comme je me balance
Au milieu des cris d'amour.
La manière
Singulière,
De fair' ce joli métier là ;
La manière
Singulière
Mes amis, mes amis, la voilà.
Tra la la la la la

(Reprise en chœur; on danse).

CARCASSOU. Toujours des danses. *(Il se laisse entraîner et danse avec les autres.— Coup de tonnerre.)*
TOUS (*s'arrêtant*). Ah !
BEAUSOLEIL. Il va pleuvoir. Gare l'eau !
(La toile du fond se lève et laisse voir un fond rayonnant. L'ANNÉE PROCHAINE est debout sur un trône, au-dessus duquel est écrit 1861.

CINQUIÈME TABLEAU

SCÈNE XIII.

LES MÊMES, L'ANNÉE PROCHAINE.

L'ANNEE PROCHAINE (*descendue pendant le chœur. — Elle regarde autour d'elle.*) Où suis-e ?

BEAUSOLEIL. A la fête de Saint-Cloud.

L'ANNEE. Je me serais cru à Charenton. Voyez-vous, c'est que je suis l'Année Prochaine, je viens à peine de naître et je n'ai pas encore eu le temps d'apprendre. — Et que fait-on, ici?

CARCASSOU. Comme partout. On danse.

L'ANNEE. Vous dansez, j'en suis fort aise. Il faut bien s'amuser. Le monde est si jeune.

Air : *Complainte de Gil Blas.*

Sous le beau ciel de la France,
Danser, baller, sauter,
Gigotter,
Tra la, la, tra la, la la, la.
Est un jeu plein de décence.
Comment n'aurait-il pas
Des appas.
Tra la, la, tra la, la, la, la,

La valse est à l'Allemagne,
Aux Hongrois la mazurka,
Les fandangos à l'Espagne;
Les nègnes ont la chica.
Chez vous l'esprit se signale.
Vous l'avez bien prouvé quand,
Pour danse nationale,
Vous avez pris le cancan.
Sous le beau ciel de la France, etc.

C'est si doux de voir les belles
Se trémousser au hasard,
Qu'on fait des reines de celles
Qui cultivent bien cet art.
Grâce aux progrès que j'apprête,
Avec moi, vous en verrez
Qui danseront sur la tête...
Qu'est-ce que vous en ferez...
Sous le beau ciel de la France, etc., etc.

BEAUSOLEIL. A la bonne heure. C'est flatteur, çà. Danser sur la tête. J'achèterai un télescope pour voir ça de là-haut.

CARCASSOU. Te. Vous ne verrez guères, s'il pleut comme cette année.

BEAUSOLEIL. Madame sera plus aimable que çà.

L'ANNEE. Dame. Je ne garantis rien. Amusez-vous, trémoussez-vous, mais... vous savez... c'est comme çà qu'est venu le déluge.

CARCASSOU. Bagasse. Je vais me commander une arche.

L'ANNE. Et une grande, si vous tenez à y mettre une paire de chaque espèce de bêtes... mais, Dieu merci. Je ne suis pas venue pour vous faire de la morale... Au contraire.

Air : *Pastourelle du Nabad.* (1er *Quadrille-Musard,*)

Depuis que le monde est fait,
Le ciel pour être à l'avance
Sûr de son obéissance,
Lui donne ce qui lui plaît.
Chaque année, à son berceau,
Par le temps bien accueillie,
Pour marraine a la folie,
Qui lui fournit ssn trousseau.
Elle descend sur la terre
Une marotte à la main.
Elle apporte au genre humain
De quoi le faire
Encor fou l'an prochain.

Approchez, et puisez tous
Dans ma corne où tout abonde,
Car j'en ai pour tout le monde,
Et j'en ai pour tous les goûts.
Puisez, et sans méfiance ;
Ce que j'apporte aux vivants,
On peut être sûr d'avance
Que ce n'est pas du bon sens.
On rit de ma devancière
Le rire encor, — c'est certain,
Ira son train,
Quand à l'heure dernière
Finira la carrière
De l'an prochain.

NINON-NICHETTE. Ah, bah. Après nous la fin du monde.

TOUS. Oui, oui.

L'ANNÉE. Eh bien. Alors, donnez-vous-en. Mais... gare l'eau.

VAUDEVILLE FINAL.

Air : Des *Trois fils de Cadet-Roussel.*

BEAUSOLEIL.

Je n'ai pas encor cassé mon œuf,
Mais je ne suis pas encor' veuf,
(*Bis en chœur*).
C'est pour ça que j'ai tant attendu.
Mais, quand chez moi j' s'rai r' venu...
(*Faisant geste de lever son œuf.*) Tur lu tu tu, etc
(*Reprise en chœur*).

LE JEU.

J' tiens de quelqu'un qui dit l' savoir,
Qu' lorsqu'on chant' faux, ça fait pleuvoir.
Ce n'est pas à l'opéra qu' j'ai vu,
Qu'il faut s'en prendr' s'il a tant plu.

LA CAROTTE.

Les canons rayés sont dang'reux,
Il le savait l'audacieux,
Qui pour triompher de ma vertu
D'un châle rayé s'est fendu.

LEOPARD.

On fait les jupons à cerceaux
Bariolés comme des drapeaux.
Ma femm' m'a promis, et j' l'ai cru,
Que son drapeau s'rait bien défendu.

NINON-NINETTE.

Celui qui m' plaît m'a par hasard
Plû le jour de la saint Médard.
J' lui dois, puisqu'en ce jour il a plu,
Quarant' jours d'amour absolu.

BEAUJOLAIS.

Le Cirq' de ses acteurs nouveaux
Est fier, à bon droit, des chameaux.
A Paris, ça n' s'est jamais vu
Sur le boul'vard, c'est inconnu.

CARCASSOU.

Il a tant plu qu'on ne sait plus
Pendant quel mois il a plu plus.
Mais le plus sûr, c'est au surplus,
Qu' s'il eût moins plu, ça m'eût plus plû.

L'ANNEE PROCHAINE.

On n'aime guère à voir pleuvoir,
C'est un peu monotone à voir,
Mais nous s'rons contents de l'avoir vu,
Si c'est des bravos qu'il a plu.

Après le vaudeville final,

LE CAVALIER SEUL.

(Grand quadrille dansé par toute la troupe).

FIN DE LA PIÈCE.

Typ. de GUIRAUDET, imprimeur de la Société des Ingénieurs civils, place de la Mairie, 2, à Neuilly

www.ingramcontent.com/pod-product-compliance
Ingram Content Group UK Ltd.
Pitfield, Milton Keynes, MK11 3LW, UK
UKHW021041260726
13994UKWH00005B/2295